目覚めよ日本
憲法改正
今こそ実現を

日本会議会長
田久保忠衛
Tadae Takubo

明成社

はじめに

憲法改正の絶好の機会が到来している。同じ考えを持つ友人は「この機を逃したら二度とチャンスは巡ってこない」と心配するが、何となく呑気な響きがする。国体を尊重するでなく、伝統ある歴史に誇りを持たず、国の防衛などは平気で他国に頼り、個人の利益追求だけには異常に執着する、無気力な日本が今後も続くのではないかとの不安が私には募っている。

先頃産経新聞から「戦後七十二年に思う」のテーマで一文を書くようにとの要請を受けた時に、「戦争が終わって七十二年たった今の国際情勢がこのようになると予想した向きはいただろうか」との実感を冒頭に記した。国際秩序の基本がもう動いてしまっているのである。一つは米国である。冷戦の西側陣営の指導国家として米国のトルーマン大統領は自由、民主主義の旗を掲げて颯爽として走っていた。ところが、米国の「内向き」思考はオバマ前政権時に明瞭に表れ、トランプ政権ではさらに孤立主義、保護主義、米国第一主義的傾向が顕著になっている。米国の国力が絶対的に衰退しているとは思わないが、数字に見えない指導力、存在感、イデオロギー的魅力などは相対的に衰退していると言っていいのではないか。

もう一つは中国だ。終戦時の中国は内戦状態にあった。以後、中華人民共和国の誕生、改革・開放路線、「平和的台頭」などを乗り越えてきたのは、共産党一党独裁の体制であればこそ可能だったので、この国が民主主義体制であったら進む速度が遅いのは当然だろう。その中国はいまや一帯一路構想を掲げ、影響力はアジア大陸から欧州大陸へと伸張しつつある。成功するかどうかの予想は別にしてユーラシア大陸で中国が政治的覇権を手にしないと断言できるだろうか。

「外向き」の中国に直面している日本は「内向き」の米国に安全保障を委ねてきた。その意味で戦後最大の危機が訪れている。国際情勢の大変化に対応しようなどとの考えはまるでなく、米国の占領下で与えられた事実上の占領基本法をどうしても護るという護憲論は滑稽ではないか。戦後の国際社会に生じ始めた巨大な地殻変動に対応するにはすでに手遅れになっているとすら思える憲法改正は、われわれが日本人として国際社会で生き延びていくうえでの必要不可欠な手段だ。

一方、国内に目を転ずると、憲法改正に関する、いわゆる安倍発言によって国会における論議にひとまず火はついたように見える。しかし、私だけでなく日本が国際社会に示すケジメの意味でも改憲を長年叫び続けてこられた人々の間にはなんとない不満が漂っている。改憲への燃えるような情熱がまだ盛り上がらず、安倍発言があったからいやいやながら動きを示すような態度がわかってしまう。国際情勢が緊迫の度を強めているにもかかわらず、一部の政治家には精神的な緊張感が欠けている。

歴史的に見て、日本人は海によって四方を囲まれているものの、白村江《はくすきのえ》の戦い、高麗軍を先兵とした元寇、日清、日露の戦争など外敵には敏感に反応し、国難を克服してきた。しかし、問題は日本国憲法だ。たった一度だけわれわれが経験した占領とその際に与えられた憲法によって、日本の対米依頼心はあまりにも強くなってしまった。日本周辺の危機をよそに今年の夏は連日国会で森友学園や加計学園の熱心なやり取りを視聴したが、出るのはため息だけだった。

しかし、憲法と現実のギャップが埋められないのを放置してきた無責任な時代はすでに終わりを告げつつある。「内向き」のトランプ政権は同盟国としてより強い日本を求めている。政治家が動かなければ、われわれが立ち上がろう。国民一般が目覚めたときの政治家の身変わりの速さだけは確実だ。十月二十二日に行われた総選挙で明らかになったのは改憲派と護憲派の区分けだ。が、改憲派の中には九条に正面から取組もうとしない向きも混じっている。だからこそわれわれが先に動かなければならないと思う。本書で示そうとしたのはその思いと覚悟である。

『日本の息吹』に載った対談などを中心に一著にまとめてはどうかとのお勧めを明成社の大橋岳彦編集部長から受け、関連の読み易いインタビュー記事などを他誌から追加させて頂いた。大橋部長には謝意を表しておきたい。

平成二十九年十月

著者

〔凡　例〕

○本文中の説明を必要とする箇所には（＊番号）を付して、各章の最後に記した。

○本文中の「今年」「昨年」等の表現については、初出時のままにしてある。なお、一部わかりやすくするため、「昨年（平成二十四年）」などと具体的な年を書き加えた箇所もある。

目覚めよ日本　憲法改正今こそ実現を《目　次》

第一章

憲法改正と日本会議の使命

櫻井よしこ氏との対談

日本会議二十年に寄せて

――　日本会議は、今年五月に結成二十周年を迎えました。この秋には二十周年記念大会を予定しております。そこで冒頭、この節目にあたり両先生に一言お願いいたします。

田久保　私の人生を振り返ると三つに分けられます。第一の人生は通信社時代、主としてニュースの伝達者としての生活だった。第二の人生は大学で研究と教育に没頭した。この時期は同時にジャーナリズムで評論活動もした。第三の人生は、国家基本問題研究所、そして日本会議です。

私は二年前に推されて日本会議の会長に就任しましたが、就任前と就任後とでは、日本会議への見方はガラッと変わりました。就任した頃から日本会議批判が始まったらしいのですが、私は、それが新鮮でして、「この時期に一体どういうことなのかな」と思いました。月刊『Hanada』に反論を書いたり、外国特派員協会で海外の記者たちと忌憚のない意見交換をしたりしました。その中で感じたのは批判の大部分は誤解だということです。

例えば、日本会議の綱領（＊1）の一、「我々は、悠久の歴史に育まれた伝統と文化を継承し、健全なる国民精神の興隆を期す」。これなどは誰が読んでも立派な内容です。

外国人記者クラブで誤解されているなと一番感じたのは、基本運動方針の第一項「国民統合の中心である皇室を尊び、国民同胞感を涵養する」です。大日本帝国憲法に戻そうとしている団体だと勘違いしているような記者が多いのです。そういうことが徐々に分かりはじめましたが、彼らの誤解の背景には、そもそも日本の国体、国柄はどういうものかについての不勉強があると思った。逆に言えば、日本の国体が、いかに世界的にもユニークなものであるか、ということを知らしめることが、誤解を解き、日本会議の存在感を明確にさせることであり、ひいては日本を正しい方向に進めることだと痛感しました。「世界に冠たる国だ」などと威張るのではなく、アイデンティティを理解してもらうのです。他の国々がそれぞれやっているように、です。

悪口などというものは、私も記者時代に上司から「人間は悪口を言われて一人前、無視されたら終わりだ」と言われたものです。日本会議が大きくなればなるほど、風当りが強くなるのは当然だと思って、これを克服しなければいかんと思います。

櫻井　まずは、日本会議が早くから皇室、防衛、教育など国家の基本問題について国民運動を展開してこられたことに敬意を表したいと思います。私は、日本会議は結束の固い組織であり、多くの政治家を支え、また政治家からの支持も受けてきた発信力の強い有力な団体であるという印象を持ってきました。ただ、田久保さんが会長になられて、いろいろとお話を伺い、これまでは外に対してはかなり防御的だったのだと、印象を改めました。田久保さんが内外の日本会議批判に対して外国特派員協会できちんとお話になった、それをきっかけに外に向けての窓口を広げてきていることは、必要かつ非常に良い変化ですね。海外との交流の中で自らの道を切り拓いていくのは当然です。その日本を守ろうとしている日本会議がもし海外で誤解されているとしたら、それを正面から受け止めて正していくことを恐れないことです。そうすることが風通しの良い組織だという印象を外に与えていきます。そういうイメージ戦略が大事だと思います。

外に向かって、日本としてのメッセージを大いに発信していくことが欠かせませんが、日本会議には、その先頭に立っていただけたらと思います。

田久保 その通りですね。さきほどの「日本会議は大日本帝国憲法に戻そうとしている」という批判についてですが、これには戦争に突入する直前の例外的体制を再現しようとしているとのバカげた考え方が土台になっている。もちろん大日本帝国憲法は立派な憲法で、時代の役割を果たしたものと私は評価しますが、欠点もあった。統帥権の独立という概念が政治的に利用されやすい欠点となっていたのも一つの例かと思います。日本会議は「新憲法の大綱」を出して、新しい憲法を作ろうとかなり以前から提唱しています。そういうことを胸襟を開いて話し合えば誤解などの問題は小さくなっていくと思います。

国基研の十年

――さて、今年は日本会議二十周年であると共に、国家基本問題研究所（国基研）十周年でもあります。櫻井理事長、田久保副理事長として国基研を牽引されてきたその内容についてお伺いしたいのですが、その前に、そもそも両先生の出会いは？

田久保　櫻井さんとはずっと昔からの知り合いのような感じで、最初にお会いしたのがいつだったか、あまり覚えてない（笑）。なんとなく思い出すのは、評論家の屋山太郎さんが文藝春秋の社内で、原稿を締切に間に合わせようとふうふう唸っていたら、隣りにも美人がいて、同じようにふうふうやっている。よくみると、テレビでも有名な櫻井よしこさんだった（笑）。「タクちゃん、そのうち紹介するよ」と彼に言われたのを覚えています。

櫻井　当時は、インターネットなどありませんでしたから、原稿を書いて手渡すというスタイルでした。締切間際には夜中に文藝春秋の本社に行って、ブースで一所懸命に書いて朝手渡すというような生活でした。そこで屋山さんと出会い、田久保さんをご紹介いただいたのです。

田久保　それから私は比較的若いときに時事通信社の外信部長になった。社のルールで外信部長は自動的に外国人記者クラブに登録される。そこでもよく櫻井さんにお会いしました。

櫻井さんは何でも屋。屋山さんは政治専門、私は外交防衛専門でしたが、三人話がよく合うんですよ。それぞれ刺激し合って勉強になった。

櫻井　お二人はベテランの言論人でいらしたので、私は学ぶことばかりでした。いろんな活動でご一緒させていただいたことは、私にとって本当に幸せなことでした。

田久保　そうこうしているうちに平成十八年十二月二十九日、櫻井さんから、「キャスターからライター（物書き）になって、その物書きの仕事も一段落した、ぜひシンクタンクを作りたい」と提案があったのです。ということで意気投合して作ったのが国基研です。

国基研の「趣意書」（＊2）を昨日読んでみたらその認識は十年後のいまでもまったく変わっていない。これはドラフト（草案）を私が書いて皆に図って確定させたものです。

少し長くなりますが、一部を読みますと、

「私たちは現在の日本に言い知れぬ危機感を抱いております。緊張感と不安定の度を増す国際情勢とは裏腹に、戦後体制から脱却しようという志は揺らぎ、国民の関心はもっぱら当面の問題に偏っているように見受けられます。平成十九年夏の参議院議員選挙では、憲法改正等、国の基本的な問題が置き去りにされ、その結果は国家としての重大な欠陥を露呈するものとなりました。

日本国憲法に象徴される戦後体制はもはや国際社会の変化に対応できず、ようやく憲法改正問題が日程に上がってきました。しかし、敗戦の後遺症はあまりにも深刻で、その克服には、今なお、時間がかかると思われます。（中略）

私たちは、連綿とつづく日本文明を誇りとし、かつ、広い国際的視野に立って、日本の在り方を再考しようとするものです。同時に、国際情勢の大変化に対応するため、社会の各分野で機能不全に陥りつつある日本を再生していきたいと思います。」

こういう趣旨で十年前に創設したのが国基研です。

櫻井　当時は、第一次安倍政権から福田政権に代わろうとする時期で、「一体どうなっているのだろう、この国は」と私たちは大変な危機感を感じていました。国の基盤をどこに置くべきか、国益を守るためにどんな戦略を描くべきか、というような基本的なことを為政者も国民も意識することなく、その日暮らしのように流されてしまっているのではないか。これでは国がもたないということで、先程の趣意書のような志で、立派な国づくりに貢献できる組織をつくろうと、かれこれ一年近く毎週準備会合を重ねました。

そして、平成十九年（二〇〇七）十二月に、国基研を立ち上げました。

――「国家基本問題研究所」という名称はどなたの発案ですか？

櫻井　田久保さんです。私たちは戦後を総括して、戦後には国家の基本とは何なのかという共通認識が欠落していたのではないか、と結論付けました。そこで、日本の基本とは何なのか、というところに立脚点を置こうという思いが国家基本問題研究所の名称には込められています。

重視したのは国益です。当時は国益というと、右翼だという印象を持たれかねない世相でしたけれども、国益を第一に考えるというのは万国共通のことです。国益と同時に趣意書で強調しているのは、国際的な視野を持とうということです。国益の追求は国粋主義的な狭い視野で行うものではなく、国際社会の一員として普遍的な価値観を踏まえつつ、日本独自の文明を大切にする、そこに立脚点を置こうという姿勢です。

田久保　アメリカ、イギリスその他諸国のシンクタンクは何をやっているかということも調べ上げましたが、そこで行われていることは、もっぱら調査研究です。しかし、私たちは、それらを参考にしつつも、研究だけに終わるのでなく、それを広く広報していくジャーナリスティックな側面がなければならない。逆にジャーナリスティックなものだけではなく、アカデミズムも加わっていないと説得力を持たない。この両面を持つシンクタンクを目標にやってきました。ほぼ初期の目的を達成しつつあるのではないか、と思っています。

発信方法としては、企画委員のメンバーがそれぞれ情報を発表する場を持っている。また、国基研として「国基研便り」「月曜直言」「国基研論壇」という発信場所がある。必要とあれば、英語、中国語、韓国語に翻訳して海外にも発信できる。来日した外国人が「読んだよ」といっていろいろ論評してくれたりするのを聞くと、それなりの対外的影響力を持っていると思います。それから「月例研究会」には、毎回三〇〇人から四〇〇人、多い時には五〇〇人の会員や一般の参加者が集まります。

さらに、新聞の意見広告があります。毎日新聞を除く全国紙四紙（朝日、読売、産経、日経）に、不定期ですが、提案すべきだと判断したテーマと時期を選び、年に数回掲載しています。反響の大きさに手ごたえを感じています。

櫻井　まずは問題意識を持ってもらう。それが意見広告の一番の目的です。もう一つ大事なことは、言い放しで終わらせないということです。意見広告を出した後は、では具体的にどういう政策を採ればいいのか、ということを、かなり詳しい緊急提言としてまとめて、国会議員を対象にした勉強会を開催したり、記者会見を開いてメディアに発表したりしています。

アメリカの権威は失墜しつつある

――次に内外の情勢について。今年は米国にトランプ大統領、韓国に文在寅《ムンジェイン》大統領が誕生し、イギリスのEU離脱、中国の尖閣海域への公船や航空機の侵犯の常態化など、この半年だけでもさまざまな動きが出ています。

田久保　少し大局的な話から入りたい。アメリカは世紀末に米西戦争でスペインを破って以来、スペインの旧植民地を手に入れて、大西洋と太平洋に一大勢力をつくり、二十世紀の大国の地位を確立しました。十九世紀後半から二十世紀前半にかけ英国が、二十世紀前半にはドイツ、後半にはソ連が覇を唱えようとしましたが、いずれも潰れました。その中で米国の地位はどうであったか。つまり、この一二〇年間、世界で唯一、一貫して大国の地位を維持してきたのがアメリカでした。

そのアメリカの一二〇年を三期に分けてみたい。第一期は、冷戦開始から終結まで。熾烈な東西冷戦を西側のリーダーとして引っ張った時代です。第二期は冷戦終結後のアメリカ一極時代。これはスーパーパワーを超えてハイパーパワーと言っていい時期です。第三期は、そのアメリカが衰退期に入りつつあるのではないか、という時期で、始まりは9・11同時多発テロ後のアフガニスタン紛争とイラク戦争でした。撤兵のタイミングを誤って巨大な財政支出をし、多数の将兵の生命を失い、さらに追い打ちをかけるようにリーマンショックに襲われた。これでアメリカの国力が弱まったところへ、オバマ政権の二期目に「世界の警察官ではない」との大統領発言があり、はっきり勢いが内向きになった、その延長にトランプが出てきた。

そのトランプとは何者か。いろいろと言われてきましたが、就任から六か月経って、彼の周辺の陣容をみると、分かることがある。それはダメなホワイトハウスと堅実な官僚組織という構図です。

トランプ政権以降を第四期とみると、その特徴はアメリカの権威の失墜です。衰えが見え始めたとはいえ、アメリカは、政治、経済、軍事、技術、インテリジェンスを含む情報など国力は未だ世界一です。ところが、アメリカの権威というものはどこに行ったのか？

歴代の大統領はいずれも何がしかの松明《たいまつ》を掲げて、世界を指導してきた。それは自由であったり、民主主義であったり、人権であったりした。理想を掲げてひた走る強い大統領に、私は好感を抱いてきた。ところがトランプにそれがあるか。アメリカ・ファーストというけれど、自分に票を入れてくれた人々の利益増進が第一で、その手段として彼が言っているのはディール（取引、売買）です。トランプを目の敵にするリベラル系マスメディアの批判はあまりにも感情的でひどすぎるが、トランプ氏の言動の基本はつまるところディールではないか。哲学的要素は少ないのではないか。

ロシアや中国に対する態度もころころ変わる。欧州との関係も、地球温暖化への取り組みも、あるいは保護貿易か自由貿易か、という選択もそうですね。果たしてアメリカの同盟国はどこにいて、敵国、潜在的敵国はどこなのかという区別がぐちゃぐちゃになって来ているのではないか。安倍首相の努力があっていまの日米関係は安定していますが。このことはアメリカの権威が失墜し、衰退に向かうことを示しているのではないかと心配になります。

櫻井 田久保さんの世界史を俯瞰する分析にはいつも教えられていますが、アメリカの世界における立ち位置の考察は仰るとおりだと思います。そのうえで申し上げれば仮にトランプさんの次の大統領が共和党であれ、民主党であれ、アメリカがかつての強くて権威のあるアメリカにまた戻れるのかというと、それは難しいのではないか。

アメリカ・ファーストは内向き志向ですね。その方向のなかで、TPP交渉からの脱退、パリ協定からの脱退、あるいは安全保障においても世界へのコミットメントを減らそうとしている。そのような方向を次の政権が元に戻すには、確固たる価値観がなければできないことです。

その価値観ということにおいて、アメリカはすでに変わっていきつつあります。もともと移民国家のアメリカですが、ホワイト・アングロサクソン・プロテスタント（WASP）といわれる、キリスト教文明の価値観を掲げて偉大なる神の天命を帯びて自由と民主主義を広めようという意思を持った人々の人口が、二〇五〇年には半分以下になり、代わりにヒスパニック系、アフリカ系、アジア系の人口が過半数を占める時代がくる。

人間が変わると会社や組織も変わる。国も同じです。そういう民族的、人種的な構造の変化は、私たちが考えるよりはるかに根強い変化を生むでしょう。

そうすると、アメリカが世界の秩序や安全、普遍的な価値観に対して責任を持ってコミットしていく時代はもう来ないかもしれない。そうしたときにどういう世界が出現するか、ということを私たちは考えておかなくてはならない。日本にとって一〇〇年か二〇〇年に一度というほどの大きな変化です。これにどう備えるか、そういう中長期的な戦略を日本会議も国基研も考えておかなければならないと思います。

田久保　その通りですね。そういう世界情勢の変化を前提にして、日本はどのように対応し、生き延びてきたか、ということを考えてみたい。歴史的にみると、まず古代においては、白村江《はくすきのえ》の戦いがあります。日本は百済と連合軍を組みますが、唐・新羅連合軍に惨敗を喫します。中国の脅威が朝鮮半島に及び、日本は百済を助けなければ自国の安全に重大な支障が及ぶと感じたのです。ロシアの脅威に日英同盟で対抗した原型です。次に、蒙古襲来（元寇）、それから日清・日露の戦争、そして大東亜戦争。これに十六世紀のキリスト教伝来時の宗教戦争を加えてもいいかもしれない。神社仏閣が破壊され、日本人の海外への人身売買もあり、まさに侵略の危機でしたが、秀吉の英断でこれを断ち切ることができました。

さて、こうしてみてくると、日本は対外的危機を自らの力と才覚で打ち払い、克服しようとしてきたことが分かります。日英同盟はありましたが、あくまで対等な同盟でした。戦後だけなんです、他国に安全保障を支えてもらってきたのは。つまり、戦後は、アメリカが日本を守ってきた。決して憲法九条が守ってきたわけではない。これは厳然たる事実です。

ところが、先程来みてきたように、そのアメリカに頼ることができない時代がくるかもしれない。そのときに、日本はどうやって自らの防衛、安全保障を図るのか、このことを真正面から考えなければならないのです。

さらに付け加えると、今日では主権国家間の争いだけでなく、国家ではない国際テロリストとの戦いも視野に入れなければならない。パリやロンドンなどテロ事件が頻発している。東京オリンピックを控えた日本も例外ではない。あるいはサイバーテロや宇宙からの脅威にも備えなければならない。いずれも、アメリカという他国に全面的に頼って、一国平和主義を唱えていることはできない。米国と同盟を結びつつ、自主防衛の性格を強めるのは不可避になってきたのではないか。

二十一世紀の中華主義は人類全体の不幸

櫻井　いまのアメリカは新しい国際情勢における大戦略を、殆んど描ききれていない。田久保さんはディールと仰いましたが、損得だけを大事にするという極めて短期的な視点しか持ち得ていないのではないか。

一方で、中国はどうか。宇宙軍の話が出ましたが、いまや地球上のあらゆるところに中国の拠点が出来ている。南シナ海の露骨な軍事拠点化に加え、陸と海のシルクロード「一帯一路」構想を打ち出し、経済、軍事一体となった政策を進めようとしている。これらはうまくいくかどうかは不透明です。しかし、仮に最初からうまくいかなくても、十年、二十年のスパンでみれば成功する可能性もあるわけです。あるいは、アジアインフラ銀行（ＡＩＩＢ）のように、既存の国際組織に取って代わる中国主導の新しい国際秩序をつくろうとの野心もある。

もしこれらが成功して、二十一世紀の中華主義が世界を支配するというふうになってしまうと、これは人類全体にとって恐るべき不幸だといわざるをえない。内心の自由まで侵害されるような窮屈な全体主義の下で、私たちは呻吟しなければならなくなるのです。そのような予想が絵空事ではないかもしれない、ということを本当に心配しています。

さきほど白村江の戦いの話がありましたが、その前に聖徳太子の隋との対等外交があり、白村江の戦い（六六三年）の敗北で我が国は国家防衛の意思を固め、それから数十年後、古事記、そして日本書紀が編纂され、日本は中華文明と決別して、独自の道を歩み始めました。以来、一三〇〇年以上のときを経て、いま改めて中華文明との対峙という時代を迎えています。

このような世界の危機の時代に、我が国は何が為せるのか。日本は日本のために何を為せるのか。アジアのために、あるいは世界のために何を為し得るのか。そのことを国基研ではひとつのテーマとして日々の議論のなかで意識しているつもりです。

田久保　中国の覇権主義的野望は我が国にとって大きな問題であり、世界にとっても大問題です。一方でこの国の内部矛盾も相当に大きくなってきている。南モンゴル、ウイグル、チベット、香港の不満は潜在的に高いものがあるし、さらには北朝鮮もいうことをきかなくなっている。インドとの領土問題も深刻です。漢民族の中にも貧富の格差や環境汚染への不満がくすぶっている。知識人に対する自由の弾圧は強まる一方だ。台湾も国民党から民進党政権になった。中国共産党が舵取りを誤れば、一挙に大混乱の時代に突入するかもしれない。
また、我が国にとってはロシアの脅威は永遠の課題です。いま、この問題に立ち入る余裕はないが、近年の安倍総理の動きのなかで、中国との関係改善、ロシアとの関係正常化、そして憲法改正、この三つは実は深いところで連動しているのではないか。アメリカという支えが弱まるかも知れないとの予感が無意識的にせよ、日本の指導者をこれらの動きに駆り立てていると私は観察しています。あえてもう一つ日本の最大の危機は、朝鮮半島です。いまは衝突が起こるかどうかに目が向っていますが、早晩この半島には日本に好感情を抱かない統一国家が生れるでしょう。ロシア、中国、朝鮮半島、インド、パキスタン、米国の核国家の谷間で日本と台湾は核の恫喝に怯える時代を迎える。

櫻井　安倍総理のロシア外交はなかなか分かりにくい。対中国包囲網の一環としても実現可能なのか、不透明です。
いずれにせよ、明らかなことは、アメリカの後退です。これからもアメリカは日本にとって最重要の同盟国ですが、戦後七十年間のように、アメリカが守ってくれるから日本の安全は保障されているという時代は明確に去った、ということです。この大前提に立って、自らの防衛、安全保障をどう再構築するか、その重大な岐路に我が国はいま立っている。

これもまた今日は論ずる余裕はありませんが、インドとの連携を強めること、ドイツと中国との関係には注意することなど、考えるべきことは山ほどあります。

――ドイツですか。

櫻井　戦前の国民党時代以来、ドイツの親中姿勢は筋金入りです。いままた、メルケル首相と習近平国家主席との中独蜜月時代に入っています。紙数がとても足りませんから、このことについてはまた別の機会にいたしましょう。

田久保　欧州の問題について一言触れますと、戦後の国際秩序は、アメリカと欧州の大西洋同盟が作りあげたものです。これは自由、民主主義、人権、そして法治という普遍的共通の価値観に基づいて、経済ではＥＵ（欧州連合）、防衛では北大西洋条約機構（ＮＡＴＯ）に発展しました。

ところが、トランプ米大統領の登場によって、ここにひびが入り始めた。地球温暖化に対抗するパリ協定から脱退し、貿易の不均衡とNATO内での防衛分担費が少ないとドイツを叩いた。これらにカチンときたのがドイツのメルケル首相だった。メルケルは、わざわざヒトラーと関係が深いミュンヘンで演説をし、「我々は特定の国に依存すべき時代ではない。我々自身で自分の運命を決めなければならない」というようなことを言っている。これに対して英紙フィナンシャル・タイムズが社説で猛烈に反論して、アメリカとの信頼関係という外交の基軸を壊すことになりはしないかと。アメリカとの関係が壊れると、これを笑って歓迎する国が二つある。中国とロシアです。我々はこの両国を喜ばせないことこそ肝要なのであって、その前提に立った発言をしてほしいと苦言を呈している。この社説は日経新聞に全訳が載りました。ところが、メルケルは「米国との友好な関係」維持はきちんと言っているのです。国際政治家ですね。

大西洋同盟のコアはEUとNATOです。イギリスのEU離脱などここにさざ波が立ち始めている。それはアジアとアメリカとの関係も同様です。このことに留意しなければならない。

櫻井　欧州とアジアの情勢は、パラレルに見ることができますね。

安倍総理の改憲提言と自衛隊

――次のテーマは、安倍総理の九条に第三項を加えるという改憲提言をどう見るかということです。白村江の戦いから大東亜戦争まで、ずっと日本は自分の国は自分で守ってきた、というお話がありましたが、それをお聞きして、その一三〇〇年以上の歴史のスパンからみれば、自国の防衛をアメリカに依存している戦後七十年がいかに異常な状態であるか、と改めて思いました。安倍政権下での憲法改正についてお伺いしたいと思います。

田久保　軍事技術の進歩した現代において、一国だけで自分の国を守ることのできる国はアメリカ、ロシア、中国の三カ国だけでしょう。それ以外の国は同盟で守ろうとしている。ですから、戦後日本が日米安保条約を結んで日米同盟で守ろうとしたのは正しい選択だったと思います。

しかし、いずれの国も自国の軍隊を持ち、まずは自分たちで守るという意思と体制があった上での同盟なのであって、戦後日本のように、自衛隊を軍隊でないと自ら規定し、軍事力の正当な行使もできない警察法体制の下で、非核三原則だとか専守防衛といった規制を政治家が先頭に立ってこれでもか、これでもかと付け加えてきた。国のバックボーンである自衛隊の存在を憲法で明らかにもしない国がほかにあるのか。

トランプ政権下で日米同盟が重要といっても、いまはともかく今後果たして信頼関係が築けるかどうか、疑わしい。ましてやアメリカが基本的に内向きになりつつあるときに、国家として自立した軍隊を保持すべき時に来ている。その意味で憲法九条(＊3)、ことに軍隊の不保持、交戦権の否認を明記した第二項を改正し、軍隊を保持すると憲法にはっきり書くことが必要不可欠のこととなっているわけです。

ところが、この五月に安倍総理が提言したのは、憲法九条の一項、二項は残したままで、新たに第三項を設けて、そこに自衛隊を明記するということでした。

当時、病気で入院していた私は、この話を聞いたときに大変驚き、ショックを受けました。戦後レジームからの脱却の最大のポイントは、憲法九条二項の改正ではなかったのか。なのに、これを残したままでどうするんだと。

安倍さんの言い分としては、評論家は結果に無責任でいいかもしれないが、政治家は結果を出さなければならない、国民投票で敗北したらいかなる事態になるか、ということです。公明党の支持が得られなければ国会発議ができない。そのために二項を残すという苦渋の選択をされたのでしょう。つまり、二項を残すことで、公明党を満足させ、自衛隊を明記することで、自民党内の右派や維新の会その他保守系の人々を満足させようとした。

日本会議会長の立場を離れて、一学者の立場からいうと、憲法九条において、戦力の不保持及び交戦権否認の二項と、自衛隊を明記した三項の整合性はなかなか難しい。芦田修正案のように、「前項の目的を達するため」の箇所を「前項の目的＝侵略戦争はしない」と取って、自衛のための軍隊は持てるという解釈でいけば、名前は自衛隊でも中身は自衛軍ということになるので、安倍総理の提案でも通るのです。

ところが政府は、芦田修正案の解釈を採用していない。だから、従来の政府の見解では、①わが国に対する急迫不正の侵害があること、②これを排除するために他に適当な手段がないこと、③必要最小限度の実力行使にとどまること、という三要件を満たさないと武力行使はできない（武力行使の三要件）。安保法制での閣議決定で少し範囲が広がりました（武力行使の新三要件　※4）が、限定的であることに変わりはない。ただし安保法制は集団的自衛権行使に一歩進め、日米同盟強化に一役買った。それを別にすると、自衛隊を憲法に明記しても芦田修正案を採用しない場合、二項を改正しない限り、自衛隊は軍隊ではなく、交戦権も持たない。この矛盾は残ることとなる。ただ、私は評論家だから、最終的責任はとれない。安倍さんの言い分を認めないわけにはいかない。

櫻井　その通りなんですね。安倍総理は相当な癖球《くせだま》を投げられたと思いますね。五月三日の読売新聞インタビューと同日の公開憲法フォーラムのビデオメッセージはほぼ同じ内容だったのですが、実はその二日前の五月一日に、自民党を主軸とする憲法改正を推進する議員の皆さん方の会、「新しい憲法制定推進大会」が憲政記念館で開かれました。私はそこで基調講演を行い、その後に安倍総理が講演なさった。安倍総理の発言と私の講演内容とは大きく異なっていて、私は少々驚きました。総理も私も憲法改正にはとても前向きですが、手法は異なりました。私の席は一番前だったのですが、登壇された安倍さんが心なしか私のほうを向いて、「我々は学者でも評論家でもない、政治家だ、政治家には結果責任がある」と繰り返し言われました。これは、理想論を言う私たちに対する強いメッセージなのかと、私は感じました。

そして三日の記事と提言になった。その内容は誰が聞いても矛盾そのものです。そこで、私でなくとも誰でも考えます。安倍総理はどういう意図であの提言を出したのだろうと。

衆議院でも参議院でも憲法審査会がまったく動かない。やる気がないと断ぜざるをえないような憲法審査会を動かすにはどうしたらいいかと安倍総理は考えられたのではないか。

そして、いま田久保さんがおっしゃったように、二項は残すということで公明党は文句を言えなくなったし、九条に踏み込んだことで保守の多くは口をつぐんだ。そして高等教育の無償化は維新を取り込んだ。老獪だなあと思いました。

そうして総理が発信した結果、どうなったか。にわかに憲法論議が活発化した。審査会のメンバーも前向きな姿勢を見せるようになりました。これは大きな変化であり、安倍総理の狙いのひとつは的中したんだと思います。

さて、私たちはこの提案をどう受け止め、どう取り組んでいくか。政治家たちに話を聞きますと、公明党を無視できない以上、現実的にはこの方法しかない。あとは、三項を追加していく過程で、二項を事実上否定していく、という意見が多いように思います。事実上二項を取り消す文言がどんな表現で可能になるのかはわかりませんが……。

これらの政治家の議論と、筋を通したい保守言論人との間には溝があります。では、この溝のために、憲法改正への動きが事実上止まっていても、放っておけというのか、と今度は私たちの側に判断が迫られています。放っておいたままでは憲法改正は一歩も進まない。筋論で通している石破茂さんと同じわけで、石破さんの方法では憲法改正を前に進めることは困難でしょう。

田久保　仰る通り七十年間一歩も進まない憲法改正を、まずは動かさなければならない。安倍総理の意図のひとつがそこにあったとするならば、私たち日本会議は今こそ、自衛隊を憲法に明記するにはどうしたらいいか、知恵を絞って一大国民運動を起こさなければならない。そのためには「国民は自衛隊を応援している」との圧倒的世論喚起に取り組むことは喫緊の課題といえるでしょう。

そして、現実的に対処していくときにも、本質は決して忘れてはならない。ドイツ語のザイン（存在）もゾルレン（当為）も両方とも大切であるという意識は政治家にもしっかり持っていてほしい。憲法論の本質とは、他の家の家訓を自分の家の居間に飾らせられて怒りを覚えない人は本当の人間か、ということですよ。同じ日本人なら家訓は似ているかもしれないが、まったく価値観の違う他国の人の家訓をいまだに飾っているのは恥です。これがいかに屈辱的なことであるか、はわかるはずです。自主独立の精神を取り戻す。これが憲法改正の大前提であるべきだと思います。

櫻井　そのことは本当に大事なことなんですね。いま、言論人、あるいは言論機関、シンクタンクとしての真価が問われていると肝に銘じたいと思います。

『海道東征』と日本の国柄

――次に日本の国柄についてお伺いします。いま田久保先生が憲法論の本質とは自分の家の家訓を取り戻すことである、と仰いました。まさに日本の憲法とは日本国の家訓を基礎にしたものでなければならないと思います。では日本国の家訓とは何か。それこそ神武建国の理念だと思います。両先生には、今年四月、東京で開催された北原白秋作詩（＊5）、信時潔作曲の交声曲『海道東征』のコンサートに足を運ばれたと伺いました。まずはそのご感想から。

田久保　皆、曲の素晴らしさをよく言います。曲はもちろん見事だったけれども、私は、白秋の詩の力強い格調に改めて魅せられました。パンフレットに載せられ

著者と櫻井よしこ氏（右）

た白秋の詩は、万葉調に匹敵するような擬古体の文体で、神武東征の世界を高らかに謳い上げている。聞くところによると、白秋の最晩年の作で、作曲を依頼された信時潔は当初固辞していたが、詩に感動して作曲を引き受けたと。まさに白秋が命懸けで書いた畢竟の大作です。

コンサートでは、白秋の詩と信時潔の音とが渾然一体となって、日本民族の湧き上がる力というものを感じました。何回でも聴いていたいなと。実は大阪ではすでに三回やっていて、その評判を産経新聞副社長の斎藤勉氏から聞いて、期待感が高まっていた。期待し過ぎてもいけないと気持ちを抑えつつ行ったのですが、やっぱり期待通り、いやそれ以上だった。斎藤氏も来ていて、改めて感動していましたよ。私は初めて聴いたのですが、生まれる前から聴いていたような懐かしい感じというか、日本人の深層意識に伝わっている。心が衝き動かされました。

櫻井　本当に素晴らしかった。それで後日談というわけではないんですが、実は、そのコンサートの感動も醒め遣らぬ三日後に、宮崎県の高千穂に行きました。一年以上も前からの、ある人との約束だったのですが、高千穂に行ってみると、そこには『海道東征』の冒頭に謳われている天孫降臨の神話の世界がありました。天《あま》の八重雲を押し分けて、神々が降りられた。それが世代を経て神武東征へとつながっていった。田久保さんが詩が素晴らしいと仰ったけど、その詩の世界がそのまま目の前にある。これはもう天のお導きだと思いました。コンサートに感動した直後にそんな巡り合わせがありました。

――高千穂は雲海も有名で、高千穂峡や国見ヶ丘に行くと本当に神々の世界という感じがしますね。

櫻井　国見ヶ丘など丸一日高千穂を満喫しました。高千穂神社宮司の後藤俊彦氏が案内してくださいました。私は初めて行ったんですが、高千穂こそ日本の原点の土地だと思いましたね。全ての日本人はあそこに帰っていくんだろうと。深い山々と清らかな湧水は、人も里も神々に抱かれていることを感じさせます。根源的な自然の力、自然と共にある日本の国柄を実感させてくれる場所です。私はこれまで、日本の古い歴史を象徴するものとして、例えば、「神話の時代から続く皇室」というような書き方をしてきましたが、そこでいう神話とは単なる神話じゃなく、本当にあったこと、実話だったのです。高千穂の土地に立って、神話とは日本民族の足跡そのものなのだと実感しました。

田久保　私事にわたって恐縮ですが、コンサートには病気がちな家内を強引に連れていったんです。何故かというと、家内の母親が高千穂の出身で、生前に「高千穂、高千穂」と言っていたからです。母がこの演奏を聴いたらどれほど嬉しかったかと家内と語り合いました。

櫻井　『海道東征』は、日本人の魂、起源を伝える芸術だったがゆえに、日本を否定しようとする戦後の風潮のなかで、演奏されなくなってしまったんでしょうね。これはぜひとも復活させて国民の多くがごく自然に鑑賞できるようになってほしいですね。

――評論家の新保祐司氏や産経新聞の安本寿久氏らが、『海道東征』を日本の『第九』にしようと提唱されています。

櫻井　ベートーベンの『第九』は革命の歌ですからね。それが年末になると日本中で演奏されることになんとなく違和感があったのですが、『海道東征』こそ日本中で演奏するにふさわしい曲だと思います。

田久保　さきほどの繰り返しになりますが、『海道東征』に皆が感動するのは、まさに日本人の魂の琴線に触れるからですね。同じことを我々は、天皇陛下に感じてきたと思います。ここで紹介したいのは、国基研の評議員会議長の梅沢昇平さんが書いた『皇室を戴く社会主義』という本です。それによると、社会党の浅沼稲次郎は、家の神棚の前で毎朝、天皇陛下万歳を唱えていた。賀川豊彦は社会党の結成記念の大会で感激のあまり立ち上がって「天皇陛下万歳」をやった。あるいは、佐野学、鍋山貞親が獄中で共産主義からの転向声明を出したのは、コミンテルンの指示を受けた日本共産党が「天皇制」打倒を掲げたので、そんな党にはついていけないという強い反発からでした。

　この本ではほかにも多くの人名が出てきますが、「天皇制」打倒まで踏み込んだ人は左派でも少数派だった。これが日本人のDNAなんだと著者は言っている。左派といえども、そこまで踏み込むことを憚るような日本人の精神がある。『海道東征』を聴いて、これに感動しない日本人はいないだろうなあと思うくらいの感動を受けたことで、梅沢氏の書いた話を思い出した次第です。

櫻井　皇室を巡る昨今の報道を見ると、日本における天皇、皇室の存在がどういうものなのかを忘れている人が増えていると危惧しています。民族の歴史を子供たちに伝承することが大事ですね。高千穂の物語も皇室の歴史も民族の深層意識の中に刻み込まれているのが本来の姿だと思います。そうしたことは教育できちんと教えなければならないのであり、そうしなければ民族の記憶は断絶していくと思います。

　信時潔のもうひとつの作品は、『海ゆかば』です。先日、八十八歳の有田焼の陶芸家で人間国宝の井上萬二氏にお会いする機会がありました。先の大戦時、十五歳で帝国海軍に志願して十七歳で出撃寸前で終戦を迎えた方です。今の日本を見ていて自主独立、自力防衛の気概がないのが一番の問題だと仰っていましたが、御自身のお誕生日の席でのことです。余興で歌を一曲と周囲が促すと、井上さんは、「日本の国歌を歌います」と言って、『海ゆかば』を歌われたのです。朗々とした声で歌われて、「これが本当の日本の国歌です」と。

田久保　いいお話ですね。一方で戦後の保守系の政治家の中に、『海ゆかば』とか「立憲君主制」を耳にするだけで拒絶反応を示す人もいて困ったものです。『海ゆかば』を軍国主義の歌だと思い込んでいる。これは大いなる誤解で、軍国主義とは何の関係もないんです。万葉集にある日本の国柄をたたえる歌ですよ。「立憲君主制」は形式として天皇を元首としていますが、これが軍国主義とどういう関係があるのか。いまの世界で立憲君主国家には政治の安定した穏やかな国が多い。戦後七十年以上経つわけですから、いい加減にバランス感覚を取り戻してほしいものです。

――最後に、改めて日本会議の会員へのメッセージをお願いいたします。

田久保　安倍総理の時代には実現は難しいかもしれませんが、行く行くは憲法には日本の国柄をしっかりと書き込まなければなりません。手前味噌になって恐縮ですが、数年前に、産経新聞が主宰して『国民の憲法』という憲法草案を作ったことがあります。私はその起草委員会の委員長を仰せつかったのですが、その草案では、「日本は天皇を中心とした独立自存の道義国家である」ということが明らかにされています。そういう誇りをもった日本人を一人でも多く増やしていきたいですね。それが日本会議の使命なのではないでしょうか。

櫻井　日本ほど穏やかな人間味に満ちた価値観を大切にする文明はないのではないかと、私は思っています。一方で、いざというときには戦う雄々しさも持っているのが日本民族です。このような資質、日本の文明と価値観を憲法にきちんと反映していきたいと思います。

――教育勅語の「一旦緩急あれば義勇公に奉じ」ですね。

櫻井　そうです。ただ、それは日本に特殊のものではなく、国際社会の常識でもあります。先頃、教育勅語が話題になって、批判する人たちがいましたけれども、国際的な視野に立った批判とは到底いえません。冒頭でも少し触れましたが、日本会議には、国際的にも広い視野で物事を見て、日本の価値観を世界に発信する先頭に立ってほしいと思います。

―― 本日はまことにありがとうございました。

＊1 日本会議の綱領全文は日本会議のホームページに掲載。

＊2 国基研趣意書の全文は国基研のホームページに掲載。

＊3 日本国憲法第九条

1 日本国民は、正義と秩序を基調とする国際平和を誠実に希求し、国権の発動たる戦争と、武力による威嚇又は武力の行使は、国際紛争を解決する手段としては、永久にこれを放棄する。

2 前項の目的を達するため、陸海空軍その他の戦力は、これを保持しない。国の交戦権は、これを認めない。

＊4　武力行使の新三要件

1　我が国に対する武力攻撃が発生したこと、又は我が国と密接な関係にある他国に対する武力攻撃が発生し、これにより我が国の存立が脅かされ、国民の生命、自由及び幸福追求の権利が根底から覆される明白な危険があること

2　これを排除し、我が国の存立を全うし、国民を守るために他に適当な手段がないこと

3　必要最小限度の実力行使にとどまるべきこと

＊5　北原白秋作「詩」としているのは、いわゆる作詞作曲の作「詞」ではなく、それ自体独立したした作品としての表記と思われますので、コンサートのパンフレット通り、「詩」と表記しています。

櫻井よしこ（さくらい　よしこ）

ベトナム生まれ。ハワイ州立大学歴史学部卒業後、クリスチャンサイエンスモニター紙東京支局の助手としてジャーナリズムの仕事を始め、アジア新聞財団DEPTH NEWS記者、東京支局長、ＮＴＶニュースキャスターを経て、現在に至る。平成19年（二〇〇七）に国家基本問題研究所を設立し、国防、外交、憲法、教育、経済など幅広いテーマに関して日本の長期戦略の構築に挑んでいる。民間憲法臨調代表、美しい日本の憲法をつくる国民の会共同代表。著書に『日本の危機』『一刀両断』など多数。

第二章

「トランプ・ショック」と日本の覚悟

――今こそ双務的な日米同盟を確立し憲法改正へ――

古森義久氏との対談

グローバリズム、リベラリズムの行き過ぎへの反発から主権国家への回帰へ

――トランプ次期米大統領誕生のご感想から。

田久保 ドナルド・トランプ氏の勝利は驚きをもって受け止められていますが、私がまず思ったのは、ヒラリー・クリントン氏でなくてよかったなということでした。彼女が勝利していたらアメリカの政治はより大きな危機に瀕していたかもしれない。まず健康状態がひとつ。次に私利私欲にまみれたクリントン財団の問題。ここには中国系その他のダーティマネーが入っていたと言われている。そして、メールの公私混同問題。これは国家の安全保障に直結する。FBIの捜査対象の可能性のある人物が四年間大統領の椅子に座っていたらどうなるか。共和党が多数を取っている下院から大統領への弾劾決議が出たはずです。実際、クリントン氏が勝利したとしたらその瞬間に弾劾が発議されるという噂が流れた。もし

私が中国の習近平なら弾劾と同時に尖閣諸島に武装漁民を入れたかもしれない。そのときアメリカも日本も手の打ち様がない。さらに四年間の任期中、大統領が国内の野党勢力に脅されっぱなしになり、リーダーシップを発揮できずに、超大国アメリカがガタガタになっていた可能性がある。

それにしても、大統領選挙の両陣営のキャンペーンは過去に例を見ないほど醜悪だった。米国の戦後史に、大統領選で互いの私行をこれだけ激しく暴き合う例があったかどうか。アメリカのモラルの低下をもたらしました。

古森　しかもクリントン氏の支持派のなかには、いまだに選挙結果を認めない人々がいる。まるでアナキズム（無政府主義）じゃないですか。

田久保　とはいえ、トランプ氏でよかったと手放しで喜べるものでは決してない。上下両院を与党（共和党）が占める強力な権限を持つ大統領が誕生することとなったが、政策論争が少なかっただけに、トランプ氏の政策の方向性は、ほとんど未知といっていい。

「米国第一主義」「孤立主義」「保護主義」などいくつかの断片的なキーワード

トランプ政権のもと、アメリカはどう変わるか？

はある。これらがそのまま実行されればアメリカの衰退は確実だが、果たしてどうなるかは誰にも分からない。なぜこうした無謀なことを言ってもトランプ氏が支持されたのか。それは米国内だけでなく、国際社会、ことに欧州の動きと無関係ではない。そこでまず、この世界的な動きについて私の見方をお話ししたい。今の国際情勢を私は三つの観点から見ています。ひとつは、冷戦後いろいろな経過をたどった結果、どうやら価値観で分けられるような対立の構図が見えてきた。自由、法治、人権など普遍的価値観を共有する国々と、そうではない国々と。後者はロシア、中国、北朝鮮、イランなどが代表的な例でしょう。

田久保忠衛氏

二つ目は、戦後の国際システムが帰着したところのグローバリゼーションに対するノーの動きが起こってきたことです。欧州ではイギリスがＥＵからの離脱を決定した。ブリュッセルにいるユーロクラートというＥＵの国際官僚が仕切って加盟国に指令を送ってくる。例えば移民、難民政策という、本来はイギリスの議会が決めるべき問題に対してブリュッセルが口出しをしてくる。つまりイギリスの主権とぶつかったわけです。イギリスに限らず欧州各地で移民、難民の増加に象徴されるグローバリズムへの不満が高まっている。

三つ目は、国際政治学は国家と国家の関係を論じてきたけれども、まったく別のプレイヤーが現れたということです。９・11米同時多発テロ以降、続出してきた国際テロリストが、いまＩＳを始め各地でテロを起こして各国の秩序を揺るがしている。フランス、イギリス、ドイツ、インド、パキスタン、そして南アジア、さらにフィリピンなど東南アジアに至るまで全世界的に波及しています。

以上、三つが今日の国際情勢の特徴だと思います。そういう情勢を背景として、米国にトランプ氏が登場したと理解しています。

古森　今のお話と重なる部分もありますが、長年、現地でアメリカウォッチをしてきた立場から、アメリカの状況について述べたいと思います。グローバル化の行き過ぎに対する反発、主権国家の「主権」に対する見直し。この二つの流れがトランプ現象の背景にあります。

古森義久氏

グローバリゼーションで象徴的な問題は一つが移民、難民、ことに不法移民の増加であり、もう一つがテロの脅威です。外交面でいえば、マルチラテラリズム（多国主義）の問題がある。物事は二国間ではなく多国間で進めて行きましょうと。オバマ政権はこれが好きだった。一方で、主権国家の主権ということがあまり好きでなかった。世界に対して普遍的価値観を投射してその普及拡大に努めて行こうというアメリカの伝統的なやり方が嫌いだった。ファウンディング・ファーザーズという建国の父たちがいて、キリスト教に基いた自由、競争、メリトクラシー（実績主義）によるアメリカンドリームを追い求めていくアメリカが嫌いだった。オバマ大統領はこういうアメリカらしい価値観を否定し、競争して勝ち負けを競うのではなく、平等な社会に重きを置く社会主義的な政策を採った。

このままでは、アメリカがアメリカでなくなるという、オバマ政権の超リベラル政策への反発がアメリカ国民の間に高まっていった。国家という人間だけが営むことの出来る存在なくしては人間は生きていけないという現実に国民が回帰し始めた。

実は、二〇〇一年の9・11のときも同じような流れがありました。ブッシュ（ジュニア）政権でしたが、三千人が殺されて、テロの頻発、ことに細菌兵器への危機感が高まった時に、やはり国民そして社会を助けるのは主権国家なんだと。例えば、世界貿易センタービルが破壊されたときまず出動したのは消防署であり、仮にバイオ兵器が使われたならば、まず動くのは保健所であり、軍の特殊部隊である。医療機関などの民間はその後にくる。つまり公《おおやけ》という意味での主権国家こそが国民を守ってくれるのだという意識が高まった。

ところが、そのブッシュ政権がイラクなどでやりすぎて、バラク・オバマの時代となった。それから八年間経てトランプの時代となる。ですからトランプ現象とは何かを一言でいえば、「オバマ否定」なのです。八年間オバマ大統領が体現してきたものを少なくとも選挙中のトランプ氏はすべて否定してきました。超大国アメリカの振り子が左に触れていたのが、真ん中に戻ってきて、これから右に触れるだろうという局面にきているのだと思います。

オバマ氏が体現してきた少数民族や貧困層、移民などへの優遇策はクリントン氏が当選していたら引き継がれていた。彼女は不法移民も含めて一一〇〇万人はそのままでいいと言ってきた。そこでそのような移民流入の流れという方向の振り子はそのまま振れたままでいるのかもしれないと私は観察していました。ところが、やはりそうじゃなかった。貧困層、移民への援助の原資は、自分達が払っている税金だと中間層の不満は頂点に達していた。それが振り子を元に戻そうとしたのです。

この超大国アメリカで起きた変化がこれから国際情勢にどういう影響を及ぼすのか。私は、百年に一度のパラダイムシフトが起きるかもしれない、そういう歴史的転換点のような気がしています。

何もしなかった「オバマ外交」

田久保　オバマ政権へのノーの意思表示だったという指摘はその通りだと思います。アメリカの大統領は、ニクソンドクトリン、カータードクトリン、レーガンドクトリンなどそれぞれの外交政策の特徴を言い表すのに「ドクトリン」という言葉を使う。では、オバマドクトリンとは何だったか。実はそんなものは何もなかった。外交面でオバマ大統領が何をやったかというと、何もやらなかったというのが真相ではないか。

一番分かりやすいのはシリアの問題です。「中東の春」でチュニジアを皮切りに中東の独裁政権が次々と倒されていった。こうして最後に残ったのがシリアのアサド政権だった。シリア版中東の春が内乱に発展する危機が生じた。アメリカへの介入の要請があった。しかし、オバマ大統領は、レッドラインを超えるまでは介入しないと言った。レッドラインとは毒ガスなどの大量破壊兵器の使用のことです。ところが実際に毒ガスが使用されたにもかかわらず、オバマ大統領は動かなかった。それをじっと見ていたのが、ロシアのプーチン大統領とラブロフ外相だった。ロシアはシリアの毒ガスを国際機関に供出させて、反体制派を撃つと称して空爆を実施し、軍事介入した。オバマ政権は、中東の最前線の外交の主導権を結果的にロシアに委ねてしまったのです。シリアに発生した難民が欧州に殺到してどのような混乱を引き起こしたか。

こうしたオバマ外交に対してアメリカ国民はノーを突き付けたのではないか。

古森　たしかにその通りで、弱腰の外交姿勢、発言をくるくる変えるなどオバマ外交への批判は、保守派の知識人の間では常識です。しかし、一般のアメリカ国民にとっては、外交的失敗よりも国内政策における失敗に対する批判のほうが強いという印象ですね。例えば人種政策についてオバマは「黒いアメリカも白いアメリカもない。ひとつのアメリカがあるだけだ」という。「演説うまいなあ」と私も感心したのですが、現実はまったく違う。この八年間で治安は確実に悪化した。黒人の犯罪者が白人の警官に撃たれて、それが暴動になる。このような人種の分極が進んでしまった。あるいは、富める者と貧しき者との分極、若年層と年配者との分極を広げてしまった。

外交面で何もしなかったという話に戻しますと、それよりももっと悪いのは、言ったことを変える、言葉だけで実行しないという点です。先ほどのシリアの「レッドライン」のような有言不実行はオバマ外交ではよくあったことなのです。ある日本の元外交官がオバマ大統領の外交的功績として三つ挙げました。キューバ、ミャンマー、イランだと。いずれもアメリカ外交の主要な相手ではないのです。しかも、それ以外のところでは全部ダメだったというわけです。

アメリカのある外交政策担当者が言うには、アメリカは年来特別な国だ、他国から傲慢だと言われようが、アメリカン・エクセプショナリズム（アメリカ例外主義）を貫いてきた。法の支配、自由や人権など普遍的価値観を世界に広める特別なミッション（使命）を負った国だと。これは程度の差はあれ、党派を超えてどの歴代大統領も認めてきた。ところが、オバマ大統領は、最初から「アメリカは例外ではない、アメリカに例外主義があるのであればギリシャにだってある」などと言っていた。

トランプ氏が保護主義だ、孤立主義だと批判されていますが、私に言わせれば、オバマ大統領のほうこそ、グローバリゼーション、マルチラテラリズムという名の孤立主義だと思いますね。それが今日の世界の混乱を招いたとすれば、後任のトランプ氏は実際には世界に積極的に関わっていかざるをえないと思います。

田久保　元ＮＡＴＯ事務総長のソラナ氏とブルッキングス研究所所長のタルボッ

ト氏が共同でニューヨーク・タイムズ紙に執筆した論文によれば、第二次世界大戦後、米英欧で大西洋に大きなマーケットを築こう、安全保障でも協力していこうという動きが起こり、前者がＥＵとなり、後者がＮＡＴＯとなった。これが今、壁にぶち当たっているのです。ＥＵの危機はやはり移民、難民問題が大きい。もともとアフリカ北部からの移民、難民、中東、アフガニスタンからの難民が欧州にはいましたが、新たに、シリア難民など二〇一四年だけで一一〇万人もの難民が流入した。理想主義的なドイツのメルケル首相はＥＵ全体で分担して受け入れましょうと提案した。ところが、そのドイツで、難民による犯罪事件などが起きてメルケル首相への支持率は一時的にせよ落ちた。

こうしたことを背景としていま欧州では大衆迎合的右翼が台頭してきている。フランスのルペンが率いる国民戦線、ＥＵ離脱を推進したイギリス独立党、「ドイツのための選択肢」という名前のドイツの政党など、雨後の筍のごとく出てきて勢力を伸ばしています。

さらに問題は、オバマ外交が、ユーラシアの大国の横暴を追認してきたことです。冷戦終焉六年後の一九九七年にブレジンスキー元大統領補佐官は『巨大な将棋盤』を書き、「今後の米国の戦略的関心はユーラシア大陸に政治的、軍事的な覇権を持つ勢力が出現することを阻止することだ」と述べた。中国については「民主主義国への道も進まないまま、経済力と軍事力が増大していけばどうなるだろう。近隣諸国が何を望み、どう考えようとも『大中華圏』が登場し、それを防ごうとすれば中国との対立が激化するだろう」と書いている。いまやロシアはウクライナのクリミア半島を奪い、シリアを足掛かりに中東に進出し、ウクライナ、ポーランド、バルト三国を軍事的に脅かしている。中国は南シナ海の七つの岩礁を埋め立て軍事要塞化を進めている。インドの首を締め上げるようにミャンマーのシットウェ、バングラデシュのチッタゴン、スリランカのハンバントタ、パキスタンのグワダールの港湾工事を通じて中国の艦船の入港を可能にする「真珠の首飾り」（次頁地図参照）をつくり上げた。同時にアジア大陸と欧州大陸の壁を取りはずすシルクロード、つまり一帯一路の構想を進めている。ブレジンスキーの読みは当たりつつある。

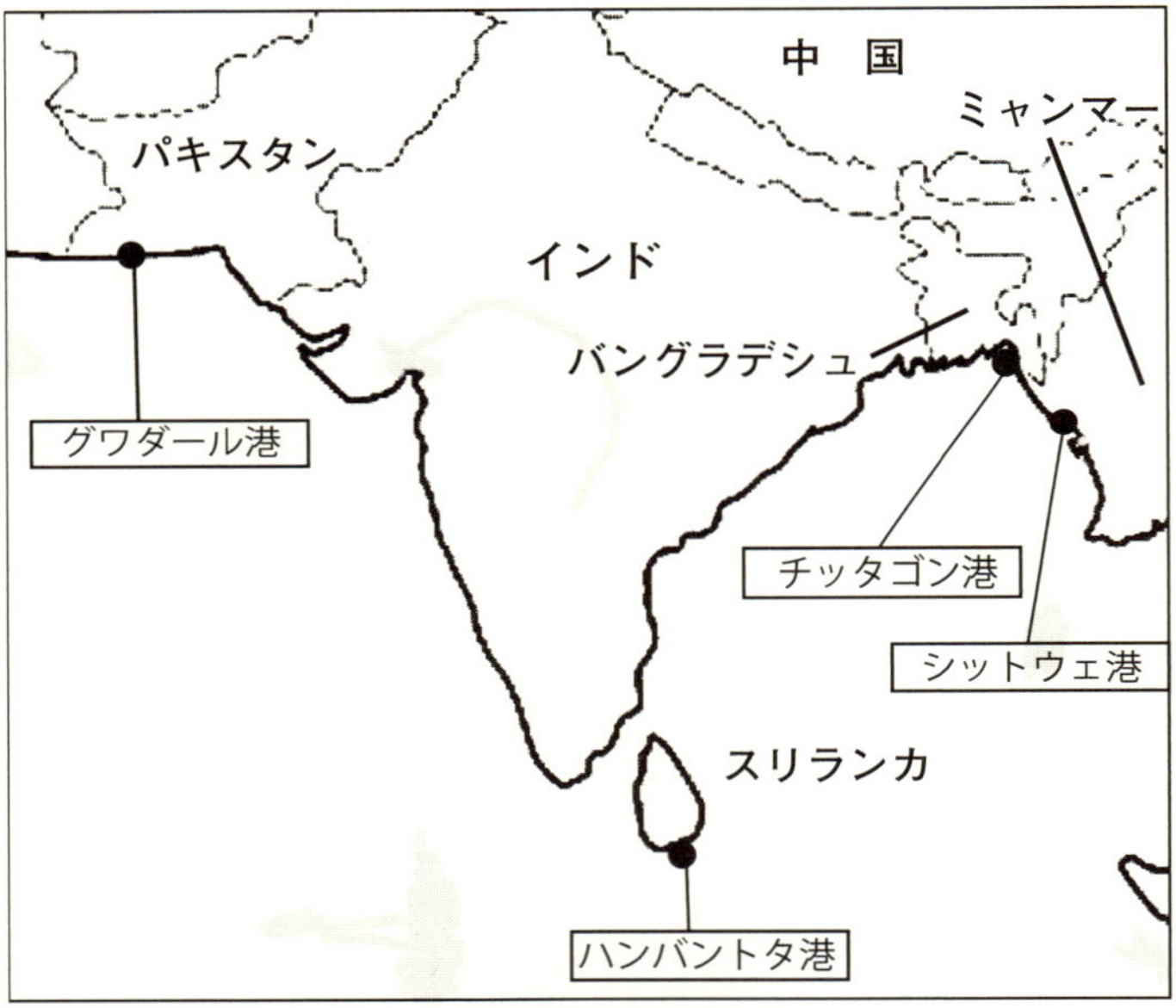

中国「真珠の首飾り」戦略

このオバマ政権の失態をトランプ大統領は取り返そうとしているのか。目下のところ、聞こえてくるのはロシアのプーチンは指導力があると褒めたかと思うと貶《けな》したり。中国との関係ではディールと称して習近平をときに持ち上げる。戦略、戦術があるのかないのか読みにくい。

かつて、ブッシュ政権下で、補佐官などを務めたコンドリーザ・ライス氏は、国家を五つに分けた。敵国、潜在敵国、中立国、友好国、同盟国。トランプ氏にはいまだこの区別すらできていないように思われる。

とすると、政治的、軍事的にまったくの素人なのか。新大統領には今後相当に発言の振幅があると考えられる。私は、ジミー・カーター大統領（在任一九七七―一九八一）を思い出しました。ベトナム戦争のサイゴン陥落から一年も経たないうちに、カーター氏は在韓米軍の撤退を選挙公約にした。ところが、そういう素人めいたハト派の人物が、突然タカ派になった。一九七九年のソ連軍のアフガン侵攻がきっかけです。「私のソ連観は一変した」と叫んだカーター大統領は対ソ強硬路線を打ち出し、経済制裁、国防費増額、モスクワオリンピックのボイコットなどの強硬策に打って出た。トランプ氏も豹変する可能性は十分にある。そこで気になるのは、トランプ氏によるＴＰＰ脱退です。

古森　トランプ氏がＴＰＰを阻止したい理由は、国内の経済秩序の保護だといえましょう。ＴＰＰどころか、既存の北米自由貿易協定にも反対している。市場をオープンにしてやった結果、中韓日だけが儲けてアメリカは大損している、損しているアメリカ国民を救わなければならないという考え方ですね。つまり一種のポピュリズム（大衆迎合主義）です。自由貿易を否定しているのではなく、国民が困っているじゃないか、助けなければならないという程度のことなのではないですか。

田久保　それにしても、自由貿易の大切さへの認識が不足しすぎている。そこはきちんと説得していかなければなりません。また、腹立たしいのは、日本に対し「米軍駐留費を全額出せ」と。あまりにも部分しか見ていない。なぜ、米軍は日本にいるのか、アジアの脅威は何か、緊張する欧州でＮＡＴＯは何をしなければいけないか、など全体像が描けていない。マティス国防長官は米軍駐留費については正しい評価をしているが、トランプ氏が何を考えているかまだ分からない、大きな不安の中に世界はあると思います。

古森　本人も分からないところはいっぱいあるのではないか。ただ分かっているのは、アメリカの国益が侵害されて久しい。これを跳ね返してアメリカ第一を貫くという姿勢ですね。これから共和党内の保守派のコアな人達がトランプとの連携を強めていけば、日本にとって悪いことばかりではないし、世界にとっても破滅的なことはないと私は思っています。

「保護国」のまま尖閣の危機に対処できるのか

――主権国家の大切さという話が出ましたが、戦後七十余年、半国家と言われるような中途半端で危険な状況に置かれてきた戦後日本にとっては、しっかりした独立主権国家への脱皮の大きなチャンスとなるかもしれないという期待感もあるのですが。

田久保　ブレジンスキー元大統領補佐官は先に掲げた自著の中で日本はアメリカの事実上の「保護国」だと言った。外交・防衛で米国にお伺いを立てないと何もできない国ではないかと見て、こう表現したのです。それから脱却するのか、もっと後退するのか、日本はその分岐点にある。例えば、領土問題です。竹島は不法占拠されたままだし、尖閣はいまとんでもない状況になっている。現場に出ている海保や自衛隊の隊員は必死の覚悟なのではないか。憲法体制下で、お前たちはここまでできるかい、という悪意のあるテストを中国から受けている。産経新聞が元空将の証言をスクープして世間に広く知られるようになりましたが、東シナ海の上空で空自の戦闘機が中国軍機の挑発を受けて、あわやドッグファイトかというところまでいったが、結局、空自のパイロットは向こうが撃ってくるまで手出しができないと。こんな独立国があるだろうか。

古森　尖閣諸島海域では、とくに平成二十八年の八月から中国の挑発行為が激増しました。「海警」の艦艇を「公船」と日本語で表現すると、やや穏やかな感じがしますが、実体は武装艦艇です。海警、つまり海の警察で、日本の海保と同様なものかと勘違いするかもしれないが、つい三年前までは中国公安辺防海警部隊と呼ばれ、人民解放軍の下部組織である人民武装警察の一つだった。また、元国防総省日本部長で、グローバル戦略変容研究所のポール・ジアラ所長は、中国「漁船」の危険性について次のように述べています。「数の多い『漁船』の動員は、日本側を威圧するために大きな効果があるだろう。これらの『漁船』は、現実には中国人民解放軍の指揮下にある民兵船団であり、軽武装が可能で、島に上陸する能力も持っている」と。つまり、中国は明確に国家の意思として尖閣を奪取しにきているのです。

米海軍大学の中国海洋研究所のピーター・ダットン所長は、こう警告します。「中国のこの八月に入ってからの動きは、明らかに日本を威圧する作戦の新たなエスカレーションだ。その当面の狙いは、日本を尖閣諸島の領有権をめぐる日中二国間の協議へと引き出すことだろう」と。日本政府は、尖閣は日本固有の領土で領土紛争は存在しないという立場を保ってきた。だが、中国の軍事威圧や攻撃の結果、二国間協議となれば、紛争状態を認めたことになり、中国にとっては大勝利となると。

同研究所の研究員トシ・ヨシハラ氏は、次のように指摘します。「中国はまず尖閣海域に常駐的な存在を確立して、日本側の施政権を突き崩そうと意図しているのだ。いつでも頻繁に侵入するという状態を内外に誇示することで、日本側の尖閣諸島への施政権の空洞化を印象づけようとしている」と。日米安保の適用範囲は「日本国の施政の下にある領域」となっています（＊1）から、施政権がなくなれば、米軍の支援は期待できなくなる。

このように自国の領土領海に危機が迫っているから、抑止力としての日米同盟の強化のために平和安全法制が必要だったのに、地球の裏側まで行って米軍と共に戦争するのか、などというプロパガンダが日本のメディアなどではまかり通った。だから正直〝トランプ・ショック〟にも期待したくなる。

ロシアに気を許してはいけない

田久保　中国の野望と共に、もうひとつ気になるのはロシアとの関係です。北方領土について、安倍さんは意欲的に対ロシア外交を進めているが、手練手管に長じたロシアを相手にするのは容易ではない。危惧しているのは、日本側が根負けして、かつての二島返還論のような弱気が世論の主流にならないかどうかということです。
不思議なのは、五年前にも二島返還論が浮上してきたことがあって、当時この議論を口にする向きは国賊だと批判された。私たちもこれを叩いて潰しました。ところが、いまは、国内の空気が変わってきていて、二島返還論を受け入れてもいいとの意見が多くなっているのを危惧している。おそらく安倍さんの頭の中には、向こう五十年、百年の真の脅威は中国であり、これに対抗するために北方の脅威を軽減しておかなければいけない、北方四島をある程度譲歩する形で日露関係を改善し、中国に圧力を加えるという考えなのでしょうか。

古森　蜜月関係にあるかもしれない中露間にくさびを打ち込むなどということを軍事力の裏付けがなく安全保障の感覚も薄い日本にできるわけがない。プーチンが日本に来たから中国とも対決してくれるなどという幻想を持ってはいけないと思います。

田久保　先日、外交問題の関係者との会合があって、そこで私もそのような意見を述べました。また、クリミア強制併合以来、アメリカが中心になって行っているロシアに対する経済制裁との整合性をどうするか、という問題もあります。国家関係として中露はどういう情況なのか。そもそも独裁国家の意図は一夜にして変わることがある。そんな国々を相手にしたストラテジー、つまり大戦略を描ける政治家が日本にいるとは思えない。例えば、ベトナム戦争を終結させるために、中国との関係正常化への道を開き、同時にソ連と対峙したリチャード・ニクソン米大統領（在任一九六九―一九七四）のような大戦略家がいるか、ということです。しかも当時のアメリカは、世界一の軍事力、経済力、政治力、情報力を持っていた。今の日本にそんな国力がありますか。

――ロシアが経済的苦境にあるいま、そこに付け入る隙はないのでしょうか。

田久保　少子高齢化、ロシアの重要な収入源の原油価格の下落、クリミア強奪問題での経済制裁など、ロシアが経済的に困っていることは確かです。望みはロシア北東部のシベリア開発なんですね。木材、オイル、天然ガス、鉱産物などの膨大な資源が未開発のままです。ところがここを開発するための資金と技術力と労働力がない。ロシアは日本以上に少子化で労働力不足に悩まされている。

しかもシベリアは流刑者の行く地だとの意識があって、ロシア人は行きたがらない。冷戦終結直後シベリアの極東地域の人口は一千万人だったが、いまは六百万人余。中国人労働者が二百万人入り込んでいるという。国境を接する旧満洲の中国東北部には一億人の人口がある。つまり、ロシアは、やがてシベリアが中国人の人口支配を受けるのではないかと恐れている。そこでロシアは日本の経済的、技術的支援を求めているわけですが、それに領土問題を利用しようとしている。

古森　最近、中露はミサイル防衛の合同演習をやり、来年もやるといっています。アメリカの専門家もそう簡単には中露離反はできないだろうと見ています。そもそも領土紛争というものは軍事力が決定的であって、経済協力次元の話でそれが解決すると言い切ること自体おこがましい話だと思います。

日米同盟を双務的なものに、そして憲法改正へ

――北方領土交渉で四島返還から後退するようなことがあれば、中国や韓国に足元をみられることになりませんか。

田久保　その通り。領土問題で譲る国だと見られては決してならない。ところでトランプ氏は中国についてどう考えていると見ていますか。

古森　トランプ氏が中国のことについて言っているのはほとんど経済に関してです。アレックス・グレイというトランプ氏の安保政策顧問の中国専門家が、トランプ氏の対中政策、対アジア政策は、中国の軍事拡張を抑えつつ、アメリカの軍事力を強化することだと言っています。トランプ氏自身、軍事力強化について数字を挙げて言っています。四十七万名の兵力を六十四万名に増強する、海軍の艦船を二七六隻から三五〇隻にする、海兵隊は二十三大隊を三十六大隊にする、ミサイル防衛を強化し、核戦力をより近代化するなど。また、東アジアについては中国の軍拡を抑える、そのときに日本との同盟は重要だと言っている。また、国防総省の中国部長だったダン・ブルーメンソールは、トランプ政権の登場は日米同盟を強化する絶好のチャンスだ、その上で中国と交渉すると言っています。その他、トランプ氏の周囲には元国連大使のジョン・ボルトン氏、ジェフ・セッションズ上院議員、元下院議長のニュート・キングリッジ氏など対中国強硬派が集まりつつあります。

田久保　共和党の主流派？

古森　主流派より中国に対してもっと強硬、かつ共産主義に対して厳しい人達ですね。トランプ氏自身は明確なイデオロギーをほとんど示していない。ただアメリカ第一主義という主張に共鳴して集まってきている人達には、保守主義というイデオロギーを堅固に保持してきた人々が多いということです。そのうちの一人、ジェームズ・ウールジー元ＣＩＡ長官などは、北朝鮮の核武装を止めるには、拠点爆撃しかないと言っています。

田久保　そのウールジー氏が香港の新聞に、トランプ氏はことによると、アジアインフラ投資銀行（ＡＩＩＢ）にアメリカを加盟させるかもしれないと書いていたのには驚きましたが。

古森　サウスチャイナ・モーニングポストですね。ただしあの新聞は中国共産党の管理下にありますからね。これまでウールジー氏は対中強硬派の筆頭格でしたから、確かにその真意は測りかねますね。それはともかくトランプ次期政権は中国に対しては強く出る可能性があるので、もしそうなれば日米同盟を強化するにはいいチャンスだということです。

さて、改めてトランプ次期政権が日本にとって何を意味するか、についてですが、彼は日本に大きく関係することでは二つ言っていますね。ひとつは日米同盟の片務性ということ。これは、在日米軍の駐留費の増額要求というような報道のされ方をしていますが、最初、彼が言っていたことを正確に引用すると、「アメリカが攻撃されても日本はその防衛のために何もする必要がない。だが日本が攻撃されればアメリカは全力をあげてその防衛にあたる。これはきわめて一方的な取り決めだ」というものでした。ですから、「金さえ出せばいい」という日本側の一部の受け止め方は間違っています。トランプ氏が本当に言いたいのは、日米同盟の片務性の問題であって、これを双務的なものに改めようということなんです。

この考え方の根底には、防衛には自分の国が責任を持たなければならないという、至極当然のメッセージがあります。それを阻んでいるのが日本国憲法第九条とそれに付随したいわゆる護憲派や中韓両国のプロパガンダです。アメリカのある若手の研究者もこう言っているのです。「日本が憲法改正する絶好のチャンスが来た」と。

田久保　国際問題を広い見地から見る評論家のイアン・ブルマ氏も、先日、日経紙に「憲法改正のチャンスが訪れるかも知れない」と書いていた。私は、「日本がサボってきた防衛体制整備という戦後最大のツケを徐々に返済するいい機会になるかもしれない」と産経の正論欄（平成28年11月15日付）に書いたけれども、その第一歩はいまおっしゃった日米同盟の片務性を双務的なものに改めて、新しい立場に立った日米同盟をつくろうということで、そういう機運になれば、憲法改正は必至ですね。先に触れましたが、朝鮮半島に核武装した統一国家が早晩生まれようとしているのに日本に危機感はない。トランプ大統領が尊敬する孤立主義者パトリック・ゴキャナンは、韓国のＧＤＰ（国内総生産）は北の四十倍、日本は百倍、北の防衛費はＧＤＰの二五％、韓国は二・六％、日本は一％だとし、日韓両国の核武装を認めろ、と言っています。

古森　もうひとつ日本に大きく関係するところでトランプ氏が言っているのは、先ほども論じましたが、ＴＰＰからの撤退です。自由貿易がいいという前提に対して、必ずしもそうではないというメッセージがアメリカから飛んできた。

戦後久しく、日本が前提としてきたアメリカ頼みの防衛、自由主義経済ということが、一番頼りに思っていた当のアメリカから留保をつけられた。つまり、トランプ政権の誕生と共に、我が国は戦後日本の基本的な国家の在り方について再検討、再考の必要性を突きつけられているということです。

田久保　近代日本の第一の波は、幕末のペリー来航だった。第二の波は敗戦と米国による占領だった。そしていままさに第三の波がトランプ氏によって起こされようとしているのではないか。この第三の波は、日本が憲法を改正して、一人前の真の意味の独立国家としてアメリカと対等の立場で日米同盟を結ぶことで、日米がアジアの安全弁となり、ひいては世界の安全弁となることが要請されているのではないか。

安全弁のひとつの強力な材料は法治主義です。南シナ海で中国が主張する権利なるものに対して、ハーグの仲裁裁判所が国際法違反の判断を下しました（＊2）。中国の南シナ海戦略は、支配下の都市国家群同士の連絡を絶って統治したローマ帝国と同じで、ディバイド・アンド・ルール（分割統治）ですね。孫子の兵法にもある。アメリカは法治主義。つまり、国際法の大家グロチウス（＊3）と孫子の喧嘩というわけです。

ところが、訴えた当のフィリピンに、ドゥテルテ大統領が登場して、中国との二国間交渉を言って中国をよろこばすという状況が生れている。もし、私がトランプだったら「フィリピンは救いようがない。自分でやればいい」と突き放してしまうかもしれない。しかしそうなった場合、アジア全体の安保体制の一角が崩れてしまうことになる。

これはアメリカが舐められたのだと私は見ています。

古森 何もしなかったオバマがアメリカを駄目にした。それで小国までがアメリカを舐めだしている。

二〇二五年、米中戦争が起きる!?

――尖閣がきっかけとなって、米中戦争の危険がアメリカでいわれていると聞きましたが。

古森 ランド研究所という米国で最大手の安全保障専門の民間機関が、米陸軍の委託を受けて出した報告書があります。これはアメリカの最高水準の専門家たちの知力と体験を傾けたもので、二〇一六年七月末にその調査と予測をまとめた総括が出されました。結論は、二〇二五年までに米中戦争が起きる危険があるというものです。

もちろんアメリカも中国も全面戦争など望んでいない。しかし、起き得る可能性はある。それは偶発的な場合と、どちらかが相手を誤算する、つまり舐めてかかった場合です。米中戦争にいたる五つくらいのシナリオがあって、一番可能性の高いシナリオが尖閣だとされているのです。中国の尖閣への揺さぶりがエスカレートしていって、日本側も対応しているうち日中間で偶発的な衝突が起こり、日米安保条約にしたがって米国が介入し、対中戦争が始まるというものです。あるいは中国が米軍の介入なしと誤算して、攻撃をかけてくる。いずれの場合も米中戦争となり、日本の対応が鍵を握るとされている。米中全面戦争になれば、中国はためらわずに、在日米軍基地を攻撃するだろう。日本にその覚悟と備えがあるか。

――トランプ氏は在日米軍を引き上げる可能性に言及しましたが、中国がこれを文字通り受け取って出てくるというようなこともありますね。

古森　もちろんトランプ氏が何をするか、いまは誰も分かりません。我々が肝に銘じておくべきことは、同盟に永遠なものはないということです。アメリカの政治は変わる。アメリカに頼り切ってきた日本の防衛が根本から問われる時代が来たということです。日本がこれまで通り手を拱《こまね》いていたら日米同盟が一夜にしてなくなるということもあり得るのです。

田久保　その通り、あらゆることが起こり得る。我が国は被保護国のままではもはやいられないのです。真っ当な普通の国になるチャンス到来とみるべきです。

トランプ登場を追い風として与党は粛々と憲法改正の具体的手続きに入るべきでしょう。でなければ何のための衆参三分の二か。

反論が大切

――憲法改正の機運を阻害するのはメディアの偏向報道などもありますが、参院選での民共共闘以降、共産党の動向は注視する必要があります。

古森　平和安全法制のときの左派の言論はひどかったですね。「戦争法案」だとレッテルを張って、「中国が攻めて来たら酒でも飲んで話し合う」などというSEALDsなどの若者を前面に出させたけど、そのあまりものレベルの低さに左派メディア以外は相手にしなくなった。ただ、そのような共産党的言辞に対して、保守あるいは中道の側が、正面から反論していないことは気になります。共産党が政権に手が届くことなどないと舐めてかかっているのかもしれないが、侮ってはいけない。「平和安全法制は抑止力を高めるためのもので、あなたたちの言っていることこそ戦争を誘発する」ときちんと反論しなければいけません。

自分の言っていることが正しいというだけでは説得力は足りない。同時に相手の言っていることはおかしいんだと言わなければ。サッカーの試合で自陣でのみボールを回していたら、いつかやられてしまいます。敵陣に出て行かないといけません。共産党の言っていることはおかしい、危険だということをはっきりと言わなければいけない。共産党の言っていることは証明不可能ないい加減なことが意外と多いのです。われわれは言葉の戦いをしっかりやらなくてはいけないと思います。

田久保　そもそもソ連消滅によって意味がなくなった共産党は世界中で衰退していきましたが、この島国では生き残って、何でも反対で、日本会議などもそのターゲットにされていますけどね。各国では左派政党といえども愛国者が多い。なのに、共産党は、反日、反国家でしょう？　自分の国を愛せないことほど不幸なことはない。

古森　言論の戦いでは、言葉の保存ということも大切です。過去に言ったことを保存して、いま言っていることとの矛盾を突くわけです。例えば、共産党は天皇制廃絶を言っていたではないか。自衛隊廃止を言っていたではないか。あるいは憲法改正を求めていたではないか、と。

田久保　私有財産も否定ですからね。一時は人民軍の創設も言っていた。人民軍は日本の自主防衛を意味するのか、人民の弾圧を目的とするものだったか。いまは一口も言わない。

古森　私はベトナム戦争の報道をやりましたが、ベトナム共産党のやり方は次のようなものでした。まず、共産主義を引っ込めて、アメリカや南ベトナム政府に不満を持っている連中を集めて協力させて、政権を握った途端にそれらを全部切っていく。共産主義を信奉しない人、共産党に忠誠を誓わない者は全て排除される。とくにカトリックや仏教徒など宗教者は徹底して排除されました。非共産主義の民族独立運動家も多くいたのに、みんな排除された。

――目的達成のための手段として利用するだけ。

古森　ですから、民共共闘などといって散々踊らされたあと、民進党は排除されるわけですよ。

――気付かないうちに浸透しているというのが共産党の怖いところですね。中国のやり方も同様で、例えば、不法滞在とか土地買収など、日本国民の知らないうちに侵食されている。

古森　防衛施設周辺や水源地の森林など安全保障に関わる土地の外国資本による買収を禁止するとした法案もようやく提出されそうですね。アメリカでは、企業買収についても軍事転用できる可能性のあるものについては外資の買収を阻止できる法律や制度があります。日本もそのような法整備をしなければなりません。

――最後に日本会議批判について。

田久保　私は会長に就任した途端、海外からの批判にさらされましたが、一つ一つ反論していけばいい。日本の左派が流した英文資料が基になっているので、根拠はまことに薄弱です。これからも古森さんたちにもいろいろと擁護していただかなければ……。

古森　「米欧メディアの日本会議叩きはおかしい」と、日本会議批判に反論してくれる外国人ジャーナリストも出てきました。やはり英語での発信は大事です。産経新聞でも近く英文サイトが開設される予定です。左派メディアがいくら偏向報道をしようと、日本国民の大多数の意思は選挙で示されているわけですから、われわれは自信をもって自分達の主張や事実を内外に発信していきたいと思います。

田久保　私も外国人記者クラブで記者会見しましたが、その様子などもいまはネットで見られますので、臆することなく発信していきたいですね。

――　新年は憲法改正へのアクセルなど大切な一年となりそうです。御指導のほどよろしくお願い申し上げます。

＊1　日米安保条約の第五条には「各締約国は、日本国の施政の下にある領域における、いずれか一方に対する武力攻撃が、自国の平和及び安全を危うくするものであることを認め、自国の憲法上の規定及び手続に従って共通の危険に対処するように行動することを宣言する。」とある。

＊2　二〇一六年七月十二日、オランダ・ハーグの常設仲裁裁判所は九段線とその囲まれた海域に対する中国が主張してきた「歴史的権利」について、「国際法上の法的根拠がなく、国際法に違反する」とする判断を下した。

＊3　フーゴー・グロチウスは17世紀のオランダの法学者。国際法の父と称される。

古森義久（こもり　よしひさ）
昭和16年東京生まれ。慶應義塾大学経済学部卒業。ワシントン大学ジャーナリズム学科留学後、毎日新聞社入社。サイゴン支局長、ワシントン特派員、東京本社外信部副部長を経て、昭和62年、産経新聞に移籍。ロンドン支局長、ワシントン支局長、初代中国総局長を経て、平成25年より現職。ボーン国際記者賞、日本新聞協会賞。著書に『日中再考』『ベトナム報道1300日』『アメリカでさえ恐れる中国の脅威』など多数。

第三章

安倍内閣の今、憲法改正に如何に臨むか

――日本会議会長に就任して

水戸の系譜

――新会長にご就任なさってのご感想から。

田久保　正直に申し上げると、前任の三好達先生が巨大すぎて、戸惑っているというところです。しかし、自分がやってきたことを振り返ると、敗戦によって、歪められた国の形、それに伴う外交、防衛、政治、教育等の歪みを正しいものにしなければいけないというのが、若い頃からの一貫した考え方でした。ですから、いま八十二歳で、癌の手術も何度かやっていますが、晩年の仕事として少しでもお役に立てれば、いままでの自分の言動と一致するかなと思い、非力を承知のうえで、思い切って飛び込んだという次第です。

――日本会議との出会いは？

田久保　私が、時事通信にいた頃、村松剛先生のご紹介で椛島事務総長にお会いしたのが最初の出会いだったと思います。それが縁で学生の九州セミナーに何度か出講しているうちにお付き合いが深くなっていったのかな。

――国際政治を志されたのは？

田久保　幕末の国際関係がキッカケです。尊王攘夷ですよ。私の父方の先祖平方は水戸の下級藩士で、天狗党の乱に参加しています。ご存じのように、元治元年（一八六四）、水戸藩の尊攘派（天狗党）が尊王攘夷のために筑波山に挙兵しました。当時、天狗党は藤田小四郎、武田耕雲斎の「激派」と、榊原新左エ門の「鎮派」とがあって、私の先祖は榊原の配下でした。両派が共に挙兵したが失敗し、藤田小四郎らは敦賀で斬られ、榊原らは、各地に流刑となり、私の曾祖父とその弟は明治維新の成就を見ることなく慶応三年（一八六七）に死にました。

また、こちらは血はつながっていませんが、父の伯母は、桜田門外の変の首謀者の一人、金子孫二郎の息子と結婚しています。

天狗党の志士たちは、水戸市の回天神社の「殉難志士ノ墓」に祀られ、曾祖父とその弟もここに眠っています。ところが、3・11の震災で墓石が榊原以外はすべて倒壊してしまった。連絡を受けて飛んでいったら残骸と化していた。そこで募金をして、復旧したのですが、神社の滝田昌生代表がその復旧記念碑の題字を私に書いてくれという。下手だからと言下に断ると、下手でもいいから書いてくれというので、慣れない手つきで書いたのが、いま碑に刻まれています。

――水戸の流れを汲んでおられたのですね。

田久保　父は、そのことを誇りに思っていました。父は、毎朝、藤田東湖の「文天祥の正気歌に和す」を正座して朗吟していました。「天地正大の気粋然として神州に鍾《あつ》まる……」と。それを毎日聞いていたものですから、私も水戸には非常に惹かれていました。

――まさに生まれながらの愛国者という感じですね。

田久保　十数年前、大学で教鞭を執っていたころ、学生が小林よしのり氏の漫画本を持ってきて、「先生、やられていますよ」と。見ると、私と西尾幹二さんと岡崎久彦さんの三人が星条旗の前で尻尾を振っている犬として描かれていた。私の顔の絵があまりにも似ていたので、怒るよりもびっくりしました。いわゆる〝ポチ保守〟だと揶揄されたわけです。確かに私は親米派ですが、それは外交の次元で言っているのであって、先述したように米占領軍の遺制という べき戦後体制からの脱却を志すのは当然のことです。しかし、今日では独立国家といえども、自国だけで安全保障が成り立つ時代ではない。ならば日本はどこと組むか。ロシア、北朝鮮、韓国、中国でなければ、米国しかないのではないか。先の訪米で安倍総理も表明していましたが、米国とは自由、民主、法治、人権などの価値観を共有している。また戦後の長い交流の中で各界での人的交流も深い。とすれば同盟の相手としては世界最強の米国がベストなのではないか。

師恩

―― 先生の国際政治のセンスはどのように磨かれたのでしょうか。

田久保 私が大学時代、影響を受けた人が二人います。一人は河合栄治郎先生です。尊皇心の篤い戦闘的自由主義者で、直接お会いしたことはなかったが、そのお弟子さんたちが社会思想研究会という会を開いていて、そこで出会った土屋清、関嘉彦、猪木正道、山田文雄、音田正己など素晴らしい先輩方の薫陶で、河合先生の孫弟子に連ならせていただきました。河合先生は戦前の日本で左と右の全体主義者に反対した戦闘的自由主義者で、日本における皇室の意義を説いておられました。

もう一人は伊藤正徳先生。当時、時事新報に『連合艦隊の最後』を連載されていて、私は、その美文に憧れて、新聞記者になりたいと思ったのです。

実は、伊藤さんとの出会いには水戸が絡んでいます。鍼灸医をやっていた全盲の伯父のところには、著名人が多く治療に訪れていましたが、そのうちの一人が伊藤さんで、伊藤さんもまた水戸のご出身だったのです。そこで、伯父が紹介文を書いてくれて、それを持って時事新報の社長室を訪ねました。伊藤さんは、時事新報の海軍担当の記者時代、昼間は海軍クラブの仕事をして、夜は、購入した『ジェーン海軍年鑑』の疑問のところに赤線を引いて、引退した海軍提督を訪ねて質問する。これを続けて俺は海軍通になった、というような話をされて、「こういうことはお前にはわからないだろう。だから新聞記者になっても無駄だ」と追い返された。帰る途中、秘書が呼び止めに追いかけてきて、伊藤さんのところへ引き返しました。実は、時事新報の経営が傾いていて新人を雇う余裕がない、合併話があるので、それがまとまれば自分が推薦人となって入れてやるということでした。

結局、私は別に受けた時事通信社の試験に合格して、そちらに入社することにしました。すると、伯父が激怒して「すぐに伊藤さんのところへ行って釈明してこい」と。そこで伊藤さんの自宅へ飛んでいきましたが、女中さんが出てきて、伊藤さんは風邪で臥せっているという。仕方なく名刺を置いて帰りました。すると数日後、時事通信社の上司から、大変な人から葉書が来ているぞと知らされました。伊藤さんからでした。「過日御訪問の節風邪気味にて床に入る時だったので失礼しました。態々《わざわざ》御挨拶恐縮。何事にも精を出して御勉強のほどを祈って居ます」と達筆な字で書かれていました。これがその後の私の人生の指針となりました。自分の仕事に精を出すのは当然のこと、仕事以外でもしっかり勉強しなさいと。その葉書はいまでも大切に保管しています。

那覇、東京、ワシントン

田久保　さて、時事通信社に入って、数年後、ドイツのハンブルク特派員となり、帰国して外信部に配属となりました。そして、昭和四十四年（一九六九）、那覇の支局長として復帰直前の沖縄に赴任することとなりました。この沖縄時代ほど人間として勉強になったときはありませんでした。

——沖縄ではどのようなご体験を？

田久保　支局長というのは、取材だけでなく、営業もしなければいけない。社の仕事以外にも内外情勢調査会という沖縄のオピニオンリーダーを集めた組織の事務局長もやりました。取材、写真、新聞社対策、広告、調査会の運営等々、時間仕事という感じで鍛えられました。

当時の沖縄は、赤旗が林立し、どこに行ってもストだらけでした。とくに全沖縄教職員会が幅を利かせていました。ある日、友人から電話で「すぐに教職員組合へ行け」というから、駆けつけると、「時事通信、田久保支局長、取材お断り」の横断幕が。反革新というので締め出しを食ったらしい。一方で、沖縄の保守の方々からの応援もありました。

時事通信で一番影響を受けたのは、長谷川才次社長でした。長谷川さんは戦時中は軍部に批判的で、戦後は左翼に批判的でした。戦後の言論界で保守の旗頭でした。私は長谷川さんから八年間薫陶を受けました。リーダーシップにはすばらしいものがありました。沖縄に対しても思い入れが強く、琉球新報と沖縄タイムスの論調を変えてやるとの気概がありました。現地の人とタイアップして新しい保守系の新聞づくりの支援もしました。ところが、先の地元二社の圧力で新しい新聞社の記者クラブへの加入申請が認められませんでした。これで現地のニュースが書けなくなって廃刊せざるをえなくなりました。もしあの新聞が軌道に乗っていたら、昨今の沖縄を巡る状況も様変わりしていたかもしれないと思うと残念でなりません。

――そんなことがあったのですか。

田久保　那覇勤務は一年と少しの短い期間でしたが、人生最大の充電の時期だったと思います。そういえば、尖閣周辺で天然ガスなどの資源がある可能性が指摘されたのは、私の沖縄赴任の前年で、私の赴任当時も地元紙が「沖縄が世界一裕福な地域となる」と特集していました。中国が尖閣は中国領との主張を始めたのは、それから三年後でした。

那覇の次はワシントン支局長として米国に赴任しました。

那覇からワシントン――この落差は大きい。私の原点は、「那覇、東京、ワシントン」です。この三つの地域からの視点の違いについて目を見開かされました。沖縄の地域の問題を研究するなら那覇、日本全体の研究には東京が最適だろう。そして世界情勢を見るには、ワシントンです。世界を俯瞰するには、東京からの視点ではダメ、ましてや那覇からの観測ではダメなのです。

ワシントン駐在時代、一番大きな出来事は、ニクソン訪中でした。この戦後外交史の大きな転換点となった出来事を最初に私は日本にニュース配信したつもりです。

ニクソンの公約はベトナム戦争を終結させることでした。ベトナムの背後には中ソがいる。中ソが分断されれば戦争は終わる。また欧州ではＮＡＴＯとソ連軍が対峙してソ連軍の大部分が欧州に張り付いている。米国が中国と接近しただけでソ連は中国との国境にも軍を割かねばならなくなる。そうなれば、米国は欧州でもアジアでも外交、防衛でソ連に有利な立場となる。

反共の闘士だったニクソンが、まさか中華人民共和国と関係正常化を考えるなどということは当時世界の誰も思いもよらないことでした。米国の対中姿勢の変化の兆候に注目していた私ではありましたが、実際にニクソンがテレビで訪中発表を行なったときの衝撃は今でも忘れられません。敵の敵は味方という以上の国際情勢の複雑さを改めて垣間見た気がしました。

日本の出番

――最後に憲法改正について。

田久保　日本の国体を明らかにすること、国軍を持てるよう九条を改正すること、緊急事態に備えること。最低でもこの三つの改正は何としてもやり遂げなければならない。

産経新聞の「国民の憲法」の審議で、現行憲法の前文を分析しました。すると、ここの箇所は大西洋憲章に出ている、ここはアメリカ合衆国憲法にある、これはゲティスバーグ演説だ、これは米国の独立宣言にある、などとなってしまった。長谷川才次さんが、「ちゃんこ鍋憲法」と言ったことがありましたが、まさに外国の文書のつぎはぎだらけで、日本らしさはどこにもない。だから憲法改正ではまず、日本は他国に比類のない伝統ある立憲君主国であることを宣言しなければならない。天皇は元首であられ、祭祀を司られる祭祀王です。外国のような征服王とはまるで違うことをはっきりさせることが大事です。

それから政治、経済、防衛が国家運営の三本柱だとすると、当然ながら一番脆弱な防衛を強化しなければならない。そのために九条を変える。さらに、外国からの攻撃、大震災、内乱、テロ、サイバー攻撃など緊急事態に際して、一時的に内閣総理大臣に権力を集中することを憲法に明記すること。この三点の憲法改正を急がねばならない。

緊迫する国際情勢の中で、我が国に残された時間はあまりありません。それは大きく二つの情勢の変化によります。

ひとつは、米国の変化です。オバマ大統領がピボット(軸足)とかリバランス(再均衡)とかいって、アジアに重点を置くと言っていましたが、いま、彼が百年続いてきた米国の外交の根本を変えようとしているということに気付かねばならない。

かつてセオドア・ルーズベルト大統領(任期一九〇〇年~一九〇八年)は「棍棒片手に猫なで声で」という名言を残しました。いまでいう「圧力」と「対話」による外交です。実際に米国はこの基本の型を守ってきた。ところが、オバマは「棍棒は使わない」という。その結果、何が起きたか。中東はシリアもイラクもイスラム国(IS)に代表される国際テロリストの跋扈で一時は収拾がつかなくなった。一方で、クリミアはロシアに強制編入された。国際社会のいたるところでボルトが緩んできた。これは天下大乱の始まりなのです。

オバマは二年前に「世界の警察官にはならない」と宣言した。では、オバマの次の大統領になったら前に戻るかと言うともう戻らない。二つ理由がある。自分の国を守る気のない他国のために米国の若者がどれだけ血を流したかという米国の市民感情がひとつ。もうひとつは、巨大な財政赤字。そのシワ寄せが国防費に集中している。さらに経済の悪化からくる所得格差は米欧の特徴になっていますが、この二重の縛りで、米国は内向き、つまり一種の孤立主義的傾向を強めている。これが国際情勢の大変化を生んでいる。

もうひとつの大変化は、中国の異常な膨張主義です。中国は、サラミソーセージを切るように、南シナ海を侵略し続けている。南沙諸島の浅瀬をどんどん埋立てている。その際、サンゴ礁をダイナマイトで爆破している。辺野古沖で防衛施設庁が重石《おもし》を沈めて、わずかにサンゴに触れたといって大騒ぎしている日本の左派団体は、サンゴ礁爆破という中国の蛮行に対しては一言も発しない。これは偽善ではないか。

南シナ海が中国の海になれば、シーレーンの自由が奪われ、日本の死活問題となる。事態は切迫している。長期的には「米国による平和」か「中国による平和」かとなりかねない。

大国間のバランスが大きく変化しようというとき、今こそ日本が存在感を示すべきときです。それを誰が実行し得るか。これが安倍総理が背負った運命です。安倍総理は、国家安全保障会議をつくり、防衛計画の大綱を改定し、集団的自衛権の解釈変更を行い、そのための法整備をいまやっている（＊1）。そして、四月の訪米で、日米のガイドライン改定を決めた。

さらに地球儀を俯瞰する外交によって日本の存在感を示してきた。他に指導者はなく、いま安倍総理であることのかけがえのなさを思うとき、天が下し給うたリーダーなのかもしれないとさえ思います。

安倍総理のうちに何としても憲法改正を成し遂げねばならない。皆さんと共にこの決戦に臨んでいきたいと思います。

＊1　「国の存立を全うし、国民を守るための切れ目のない安全保障法制の整備について」は平成二十六年七月一日に閣議決定した。

第四章

屈辱の外国製憲法から国柄にふさわしい憲法へ

「国民の憲法」起草委員会の始まり

　昨年（平成二十四年）の二月だったと思う。産経新聞社の幹部から社創立八十周年記念事業の一つとして「国民の憲法」起草委員会を設けたいが、その委員長を引き受けてほしいとの御要請があった。私の最大欠陥の一つなのだが、性格的に慎重さが欠如しているのだろう。どれほど大変な仕事か、自分の専門以外であることを念頭に置かなかったのか、交通整理係の能力があるかどうかなどをいっさい考慮せずにあっさりお引き受けしてしまった。五月三日の憲法記念日に新聞社が何かの企画記事を用意していて、その司会を務めればいいのだとの勝手な思い込みもあったと思う。が、三月十一日の第一回会議からことの重大性に身が引き締まった。論議の範囲が国家全体と歴史にかかわるし、委員の先生方、佐瀬昌盛（防衛大学校名誉教授）、西修（駒沢大学名誉教授）、大原康男（国学院大学教授）、百地章（日本大学教授）四人がそれぞれ専門家で、論壇でも名うての論客だ。私の力不足にもかかわらず、一日三時間あるいはそれ以上の審議を二十八回続けて産経新聞「国民の憲法」要綱をまとめることができた。委員長の教限りない不手際をお許しくださった四人の先生方の御寛容と社を挙げた新聞社の御支援に心から感謝したいと思う。

分を越えた意見はなるべく控えるつもりだが、関係者全員に共通していたのは、民主党政権が登場する前から日本全体を覆っている名状し難い閉塞感をどうにかしなければとの危機感だったのではないか。私が所属する国家基本問題研究所（国基研、櫻井よしこ理事長）は創立六年目に入るが、創立趣旨書の中でこう述べている。

「日本国憲法に象徴される戦後体制はもはや国際社会の変化に対応できず、ようやく憲法改正問題が日程に上がってきました。しかし、敗戦の後遺症はあまりにも深刻で、その克服には、今なお、時間がかかると思われます。『歴史認識』問題は近隣諸国だけでなく、同盟国の米国との間にも存在します。教育は、学力低下や徳育の喪失もさることながら、その根底となるべき国家意識の欠如こそ重大な問題であります。国防を担う自衛隊は『普通の民主主義』の軍隊とは程遠いのが現状です。『普通の民主主義国』としての条件を欠落させたまま我が国が現在に至っている原因は、政治家が見識を欠き、官僚機構が常に問題解決を先送りする陋習《ろうしゅう》を変えず、その場凌ぎに終始してきたことにあります。加えて国民の意識にも問題があったと思います」。

残念なことだが、この認識はいまもなおいささかも変わらない。このたび『正論』誌から国基研の意見もさまざまな形で述べるように、との有り難いお勧めを頂戴したので、連載企画の第一打者として、また「国民の憲法」起草委員会に参加した一員の私見といったものを以下に述べてみたい。

前文に存在しない「日本」

歴史、伝統、文化を破壊された屈辱感、という一言に尽きる。憲法の前文を読む人は誰もが気付くだろう。国の基本法である憲法の前文は著書で言えば表紙である。前文を持たない憲法を持つ国もあるようだが、この表紙には「日本」がない。「政府の行為によって再び戦争の惨禍が起こることのないようにすることを決意し」は、詫び証文だ。「日本国民は恒久の平和を念願し、人間相互の関係を支配する崇高な理想を深く自覚する」とともに、「平和を愛する諸国民の公正と信義に信頼して、わが国の安全と生存を保持しようと決意した」と読んでくると笑うしかない。大嫌いであるはずの米国に押し付けられた憲法を、平和の護符よろしく奉戴し、「改憲派は軍国主義復活を目論む輩だ」といまもって騒いでいる護憲派は国際情勢の現状で日本の安全を脅かすのは日本の「軍国主義者だ」と信じているのだろうか。シャドウボクシングの喜劇には関心が向かない。

私は人生の第一幕を時事通信社で過ごし、終戦時の同盟通信海外局長だった長谷川才次社長の感化を受けた。仕事には厳しい人だったが、外信部のデスクに来てはときどき終戦時の同盟通信海外局の話をし、それを社説や月刊誌『大平』（昭和二十一年一月号）、月刊誌『中央公論』（昭和三十九年八月号）にも書いていた。憲法がらみで印象に残っているのは、日本がポツダム宣言を受諾したときに同盟通信が演じた役割だ。日本政府の対外広報部門の仕事も請け負っていた同盟本社に、外務省の太田三郎情報課長がストックホルムとベルンの日本公使宛てに打った電文を届け、それを部内で相談したのち「世紀の大ニュース」を海外に発信する。これに対してバーンズ米国務長官の回答がＡＰ通信で長谷川さんの手元に届く。同盟通信海外局企画部長の安達鶴太郎氏が原文を迫水久常書記官長にじかに手渡す。このやり取りは長谷川さんが何回も書いたり、しゃべったりしていることも手伝って迫真力に富んでいた。

問題はバーンズ長官の回答にあった。政治の大権が連合国軍最高司令官に〝subject to〟する箇所をそのまま訳せば、「隷属」が正しいのだが、長谷川さんは「やはり『臣子の分』としてそういう言葉は使いたくないので、とっさの機転で『従属』と大いに緩和したつもりだったが、あくる朝早速迫水長官から、『もう少しなんとかうまい言葉はないかね』との御下問に与った」と書いている。結局外務省は「最高司令官の制限の下にあり」との奇妙な表現にしてしまった。軍部と一般国民向けに官僚的な処理をしたのだろうが、米側が要求したのは「隷属」だ。余程悔しかったのだろう。独立回復後に長谷川さんはいまの憲法を「ちゃんこ鍋憲法」と表現したことが国会やマスコミ各社から批判された。

日本国憲法制定までのいきさつは西修氏の『図説日本国憲法の誕生』（河出書房新社）に、わかり易く、正確で、客観的にまとめられている。「隷属」した日本に突きつけられた圧力は、米国務・陸軍・海軍三省調書委員会が作成した「日本の統治体制の改革」、「マッカーサー・ノート」、極東委員会の意向、の三つが主で、総司令部（ＧＨＱ）民政局のやっつけ仕事の結果が日本国憲法草案だった。民政局長のホイットニー准将、憲法案とりまとめの責任者で同局次長のケーディス大佐らが外相官邸に吉田茂外相を訪れ、広島、長崎に投ぜられた原子爆弾を連想させるかのようにホイットニーが「われわれはいま、原子エネルギーの暖を楽しんでいます（背中に陽光を浴びていた）」と性のよくない軽口をたたき、この規定が受け入れられれば天皇の地位は安泰だなどと国のかたちを歪めかねない脅迫的な説明を受けたうえで、ＧＨＱ案をのまなければならなかった吉田外相の無念をいまの日本人は想像できるだろうか。このあと日本政府とＧＨＱのやり取りをじかに経験した白洲次郎は「斯ノ如クシテ敗戦露出ノ憲法案ハ生ル『今に見ていろ』ト云フ気持抑へ切レスヒソカニ涙ス」と手記に書いている。

汚辱に満ちた出自を持つこのような憲法は拒否できなかったのか。サンフランシスコ講和条約を機に日本人の手による憲法はどうして書き改めるなり、新憲法をつくらなかったのか、いま責めても詮無いことだが、六十六年の長い年月にわたって押し戴いてきた日本そのものの不可解さは今後も研究の対象になり得ると思う。自らが羞恥心を忘れてしまったのか。米国をはじめとする各国の顔色を気にしてきたのか。属国ではないかと憤慨するよりも、その立場をむしろ利用して経済的御利益を楽しむ満足した豚になりさがったのか。それでも江藤淳氏が昭和五十五年に書いた『一九四六年憲法—その拘束』は日本社会に一大衝撃を与えたが憲法を見直すまでの動きには至らなかった。

平成十年一月一日付の産経新聞で私は江藤淳氏と対談した。その際に私は前年九～十月号の「フォーリン・アフェアーズ」誌にブレジンスキー元米大統領補佐官が「ユーラシアの地政学」と題する一文を書き、その中で日本の立場は「事実上の米国の保護国」（de facto status as an American protectorate）と書いていると述べた。独立国としての存在を貶める発言だと腹を立てていた私の発言に江藤氏はやや興奮気味に、「ブレジンスキー論文については初めてうかがいましたが、ついに『保護国』という言葉をつかったか、というのが実感です。実は『文藝春秋』新年号に『日本の第二の敗戦』というブレジンスキー論文を逆さにしたような談話筆記を発表しました。第一の敗戦は五十三年前ですが、冷戦が終わったころから第二の敗戦がじわりじわりと進み、一九九八年までできてついにアメリカの保護国にしたと思います」との感想を述べていた。対談後しばらくしてから江藤氏から原文を欲しいのだがとの要請があり、コピーを送った。そのあと石原慎太郎氏が、「ブレジンスキーが日本を『下僕』と呼んでいる。まことに怪《け》しからん」との発言をあちこちのメディアで繰り返した。江藤氏から石原氏に連絡が行ったのかどうかはどうでもいいことが、「下僕」という原文はなかった。それにしても三人ともブレジンスキー論文にこのうえなく不快な感情を持ったことは事実だった。しかし、その後私はブレジンスキー氏が正確に日本を観察していて、率直に意見を述べる人物だとむしろ高く評価するようになった。十五年後の現在、日米間の政治的、軍事的協力関係は多少は改善されただろうが、本質的な関係は変わっていない。私は欧州における米英関係と同じ関係をアジアにおいても日米間に確立したいと一貫して望んできたが、いまの憲法を持つかぎり、それは単なる願望に過ぎないだろう。

日本の歴史の核を知らず憲法作成

国民の憲法起草委の諸先生方や産経新聞社の関係者が暗黙のうちに合意していたのは、新しい憲法要綱は日本の国らしさを強調する半面で国際的に目配りしなければならないとの点だったように思われる。英国の歴史学者トインビー教授は日本を中国文明圏に入れてしまっているが、米国のハンチントン教授は日本文明が西洋、中国、イスラム文明などと並ぶ世界八大文明の一つと明記しているし、キッシンジャー元国務長官と並ぶ中国重視派のブレジンスキー元大統領補佐官もハンチントン氏の作成した地政学図で中国の影響を受ける国と受けない国を区別し、アジアでは日本だけが圏外で中国の影響力に抵抗している国に、また圏内で抵抗している国としてはインドを挙げている。

新要綱の検討で日本の独自性を打ち出すのはいいが、常に心していなければいけないのは日本が国際社会の一員であるとの認識であったように思われる。とりわけ、自由、民主主義国家として国際社会で積極的な貢献をする姿勢は明らかにしなければならない。国民の憲法起草委のメンバーの座右には常に「世界の憲法集」が置かれていた。国基研の趣意書にも「私たちは、連綿とつづく日本文明を誇りとし、かつ、広い国際的視野に立って、日本の在り方を再考しようとするものです。同時に、国際情勢の大変化に対応するため、社会の各分野で機能不全に陥りつつある日本を再生していきたいと思います」と明記している。

いまさら日本国憲法批判ではないが、前文には日本の歴史、伝統、文化への言及は全くない。西教授が日本国憲法の成立過程研究の第一人者セオドア・マクネリー博士の指摘として挙げているところによると、時系列的に①米独立宣言

（一七七六年）、②米合衆国憲法（一七八七年）、③リンカーン大統領のゲティスバーグ演説（一八六三年）、④米英首脳による大西洋憲章（一九四一年）、⑤米英ソ首脳によるテヘラン宣言（一九四三年）、⑥マッカーサー・ノート（一九四六年）の六史料が前文の基礎になったという。独立宣言の起草者は、第三代の大統領になったトマス・ジェファーソンだ。彼は英スチュアート諸王の圧制に抵抗した勢力の思想となった天賦人権説の信奉者である。英本国の君臨と統治に対して、戦いをもって抵抗し、独立を勝ち取った米国が、大統領を元首とするいまの共和制を維持してきた経緯と日本の歴史は全く違う。

二千年に及ぶ日本の国の歩みとはいかなるものかがわかっていたら、GHQ民政局の憲法草案は全く変わったものになっていただろう。では、日本の国柄とはどう説明できるか。村松剛氏の「権威と権力との分離は、奈良朝以前からすでにはじまっていた。その権力部分に後世藤原氏が坐り、次に平家や鎌倉幕府が坐る。祭祀王の伝統を保つ工夫が古い時代に準備され、外国に軍事力によって支配されたことがマッカーサーの七年間以外にはなかったという幸せも手伝って、皇統は今日にいたったといえそうに思う。権力が皇室から離れても、政治的大混乱期に際会すると、人びとはこの古い権威を背景に国内の統一を回復しようとした。豊臣秀吉の場合が、そうであった。明治維新のときには秀吉の仕事とは比較にならないほどの大改革を必要としたので、権威を前面に押立てねばならなかったのである」(『日本人と天皇』PHP)の説明が最もわかり易い。先の大戦終了時にも内閣は収拾がつかなくなり、昭和天皇の御判断を仰いだし、戦後復興で国民がやる気を出したのも天皇陛下の全国御巡幸が一つの大きな契機になった。いわゆる皇国史観とは関係がない。大原康男先生の御専門になるが、日本は祭祀王を持つ世界で唯一の国であることに誇りを持つべきではないか。

皇室論は、「帝室は万機を統《すべ》るものなり、万機に当るものにあらず」と君臨すれども統治せずを説いた福沢諭吉ほか枚挙に暇《いとま》がないが、私がとくに紹介したいのは戦前に戦闘的自由主義者として生命がけの主張をした河合栄治郎の皇室論だ。昭和十五年に日本評論社から出版され、爆発的に売れた『学生に与う』の中に「日本の国家の元首は天皇である。天皇は(皇紀)二千六百年連綿たる万世一系の皇統を継承され給う。天皇は政治社会の元首であらせ給うのみならず、我が国民が大家族として発展してきたことから、恰も家族に於ける親の子に於けるが如き地位に立たせられる。政治社会の元首は威権の主体であるが、必しも国民の感情の中心に立つとは限らない。共和国の大統領はその例である。我が国に於て天皇は元首であらせられ、統治権の主体として万機を総覧せられ給うのみならず、単に威権の主体であるばかりでなく、国民の感情の中心に立たせ給う。国家に対して我々を民と云い、天皇に対して我々を臣民と云う」のくだりがある。

現代の若い人々は、明治憲法下で人生を過ごした一研究者の尊皇論だと受け取るかもしれない。あるいは時代が時代だったと言うかもしれない。が、河合は自由主義思想を追及し、トマス・ヒル・グリーンの思想体系に辿りついた。いわば西欧流の合理主義者である。マルクス主義に対する厳しい姿勢は曲げず、同時に右翼全体主義者とりわけ五・一五事件から二・二六事件に至る軍部の過激な思想が表面化したときの河合の言論の迫力には凄まじいものがあった。陸軍皇道派の青年将校が下士官・兵を率いて斎藤実内大臣ら政府首脳を暗殺した二・二六事件に国内が動揺し、言論機関すら息を凝らしていた時の三月九日付「帝国大学新聞」で、河合は一部少数のものが暴力を行使して、国民多数の意志を蹂躙することが何故に許されるのか、武器を持っている一部の人間が、武器所持を許されない人々の知らぬ間に意思を通そうとするのであれば、「先ずあらゆる民衆に武器を配布して、公平なる暴力を出発点として、吾々の勝敗を決せしめるに如くはない」との軍部批判を行った。ここで私は河合栄治郎論を試みようとしているのではない。憲法学者ではない、一自由主義思想家が皇室に対してこれほど尊崇の念を抱いていた戦前に比べて、憲法下の六十六年にわたって日本国民の皇室理解がいかに薄くなってしまったか、その落差の大きさに改めて驚く。国体の意識を喪失したとしか言い様がない。

ただ最近私は旧民社党書記局にいて大学教授に転出した梅沢昇平氏の『皇室を戴く社会主義』と題する著書を実に興味深く読んだ。社会党の看板的な存在だった浅沼稲次郎が宮城遥拝をし、社会党結成大会で堂々と国体護持論をぶち、共産党の「天皇制打倒」に露骨な嫌悪感を示したという。牧師、平和運動家、世界連邦主義者で有名だった賀川豊彦は日本社会党結成大会で何かに感動して会場の中から「天皇陛下万歳」を叫んだそうだ。共産党の最高幹部だった佐野学と鍋山貞親は、コミンテルンによって指令された天皇制打倒に反発して転向したと考えられているが、実際に転向声明の中には「日本民族を血族的な一大集団と感じ、その頭部が皇室だという本然的感覚がある。かかる自然の情は現在のどこの国の君主制の下にも恐らく見出されまい。……天皇制打倒をスローガンとした共産党は反人民的であり、それ故に大衆より遊離した」との記述がある。

戦前の状況で共産主義者あるいは社会主義者だった人々に対して、皇室を認めるかどうかはイデオロギー的な、あるいは精神的な白黒を決めるリトマス試験紙だった実例を梅沢氏の著書は数多く挙げている。日本以外の他の国にこのような例はないのではないか。あくまでも天皇制打倒の信念を貫き通した人々がどのような人生を歩んだかの検証は措くとして、日本人一般がＤＮＡのように気持ちの中で受け継いできた皇室観は戦後希薄になったとはいえ、いまにいたるまで不変ではないだろうか。平成二十一年十一月に天皇陛下の御即位二十年を祝う各種催しが行われ、いずれも盛大だった。とりわけ、千代田区の皇居前広場で開かれた「国民祭典」に六万人の人々がちょうちんの明かりで陛下をお祝いした様子を少なからぬ数の外国人は観ていたはずだ。平成二十三年三月十一日の東日本大震災に際して陛下は「被災地の悲惨な状況に深く心を痛めております」とのお言葉を発表された。大災害や外国からの攻撃など非常事態に内閣総理大臣の下でときには私権の制限も許される非常事態条項を憲法で定めていない日本国憲法を誰も不思議に思っていない。その国の首相が最高指導者として冷静、沈着な判断を求められているときに、東京電力に乗りこんであたりかまわずドナり散らす醜態を演じていた。天皇と権力者とは対照的ではないか。「自衛隊、警察、消防、海上保安庁を始めとする国や地方自治体の人々、諸外国から救援のために来日した人々、国内の様々な救援組織に属する人々が余震の続く危険な状況の中で、日夜救援活動を進めている努力に感謝し、その労を深くねぎらいたく思います」との天皇陛下のお言葉を一部を除くマスメディアは軽視したか、無視したが、国民全般の受け取り方は違う。

去る一月三十日の衆議院本会議で、日本維新の会を代表して平沼赳夫議員が安倍晋三首相の所信表明演説についての質問を行った。平沼氏はその中で、「平成十八年の春（秋篠宮家の紀子妃殿下御懐妊の兆候発表のあと）、武道館で国民大会を開催いたしました。当時のマスコミの一部は、あんな大会場を満杯にするような人は集まらない。せいぜい半分だ、こう揶揄いたしました。当日出席した私は、感激に浸りました。一階のアリーナ席から三階まで人々が参集、一万人を超える全国からの人々の大集会となったわけです」と述べた。平沼氏の率直な感動だろう。確かに戦前に比べて皇室の熱烈な支持者、理屈のうえでの理解者、度合いは異なるが親近感を抱く人々の数に変動はあろうが、コミンテルンの指令にあった「天皇制打倒」を叫ぶ日本国民はいてもその数は少ないと思う。権力は判断不能に陥ることもあれば、腐敗もする。その国難に日本人は天皇陛下を中心にぶつかってきた。明治維新は徳川幕府が、先の大戦末期には日本政府がいずれも機能できなくなって、依りどころとしたのは天皇陛下である。日本人が歴史の中で会得した政治的な知恵にほかならない。

説明が長すぎたが、産経新聞「国民の憲法」要綱は前文で、「日本国民は先人から受け継いだ悠久の歴史をもち、天皇を国のもといとする立憲国家である」と明確にうたった。すでに述べたように現行憲法の前文は米国の独立宣言、米国憲法、リンカーン大統領によるゲティスバーグ演説などが参考にされてGHQの民政局によりやっつけ仕事で作成された。英本国からの独立を戦争によって実現した米国の成り立ちと日本の国柄は対照的なほどまでに異なるにもかかわらず、前文に日本の国柄は全く登場しない。それを明記し、同時に国際社会の一員として重要な役割を演じる覚悟を鮮明にし、自由主義、民主主義、基本的人権の尊重といった普遍的な価値観を掲げ、国家の目標を「独立自存の道義国家」と設定した。明治天皇の御製で、昭和天皇が開戦前の御前会議で引用された「四方の海みなはらからと思ふ世になど波風のたちさわぐらむ」もこの前文に盛り込まれている。産経新聞「国民の憲法」要綱の性格は短文の中で簡潔に国の特徴が言い表されている。

委員の先生方全員からはあらゆる点にわたって多くのお教えを受けた。なかんずく頭の整理になったのは要綱の順序立てである。日本語の「国」は英語で言えばネーション、ステート、カントリーの三つだ。それぞれが定義されたうえで外国でも日本でも厳密に使われているかというとそうではなく、互いに言い換えに用いられるなど曖昧な用法が多い。が、ネーションは一定の地理的区画内で歴史、伝統、文化など他と異なる一体性を持った人々が単一の、通常は独立した政治機構の下にまとまっている状態を言うのであろう。いわば国民共同体だ。ステートは警察、軍隊などの強制力を備えた統治機構と政治的に組織された人々を指す。とすれば、カントリーは故郷ということになるだろうか。前文と第一章の天皇は国民共同体としての国家を明らかにした。現行憲法と根本的に違う点だ。

とすれば、第二章は当然ながら、国家は主権と領土と国民から構成され、国旗と国歌を有し、天皇を含むすべての国民が主権者になる。国内の治安は警察が守るが、外国からの攻撃や大規模な自然災害に対応する憲法上の規定は存在しない。憲法第九条は普通の国々が保有する軍を持つと書き改め、日本以外のほぼあらゆる国々が設けている緊急事態条項ははっきり規定することになった。国家としての体裁は整う。「国家」不在の憲法には「個人」があまりに強調されている割に「家族」はどこに行ってしまったのか。人間社会の自然的、基礎的単位として家族は尊重されなければならない。基本的人権が重い意味を持つのは肯定できるが、新憲法は権利の規定と同時に、義務も明記しなければおかしい。権利や自由は国が担保するのだから、国の非常事態には制限を受けることもあり得る。つまり、日本の国柄がはっきりすれば、それに整合するよう現代社会の異常も修正できる。産経新聞の作成した解説はすべての疑問に答えるように配慮されているから、それを参照していただきたいが、要綱の精神は以上くどくど述べたとおりである。

いま改憲せずしていつするのか

私はいまの自衛隊の地位に対して特別の感情を持っている。屈辱的憲法の中の第九条「戦争の放棄、軍備及び交戦権の否認」は独立国が持つ憲法に存在してはならない条項だ。国家がはっきりしたら、この独立自存の背骨となるのは軍隊だろう。日本の自衛隊は先人たちの苦労によって最近は国民にますます親しまれ、尊敬される存在になってきたが、憲法で使命を定めないかぎり異常である。個人的な例を持ち出して恐縮ながら、私には痛切な思い出がある。今年四十七歳になる娘が二十歳の成人を迎えたとき、幼いときの友人たちと着飾って成人式に出かけたのを見送った。そのあと仕事で地方に出掛け、帰る車の中でラジオのニュースを聞いて顔が強張った。沖縄の自衛隊基地で成人式に出席しようとした自衛隊員がゲートを出ようとしたときに革新団体と称される人々によって阻止され、他のゲートから遠回りをして遅れて式場に到着し、かろうじて間に合ったというのである。差別があってはならない社会のはずなのに、自衛隊は差別していいのか。何故か知らないが、ニュースは帰宅して改めて聞こうとしたが、全く消えていた。翌日の新聞は報道していない。が、調べてみると同様の話は枚挙に暇がないくらいあった。九条を守る会の人々はそれなりの信念があって運動を続けているのだろうが、「差別」に真正面から回答してほしい。何故自衛隊の不当な待遇を問題にしないのか。とりわけ差別には敏感な対応をしてきた良心的な人々だったのではないか。

しかし、個人的な例はさて措き、憲法第九条そのものが、身命《いのち》がけで日本を守る制服の人々に加えてきたもろもろの制約は国家の犯罪と言ってもいい。憲法に存在が明記されていない自衛隊、警察法体系がもたらす軍隊と相容れない不備、専守防衛など諸々の理屈が通らない規制は枚挙に暇がない。当面の課題も、防衛出動前の自衛隊の行動をいかに機能させるか、国際社会の軍事的常識に合った集団的自衛権の行使に踏み切るのか、交戦規程（ＲＯＥ）をどうするかなど憲法の枠内で可能な課題はもう限界だろう。非武装中立を空想だと笑い飛ばす人々の中にも日本の「軍国主義」なる存在しない妖怪が頭の隅に残っていて、それを自衛隊のイメージと重ね合わせ、憲法を狭義に狭義にと解釈してきた結果、どれ一つを改めるにも途方もない大仕事になってしまった。これまた国家不在の憲法のなせる業である。それにしても日本全体が立ち向かわなければならない課題は国内の「軍国主義者」ではないだろう。

日本をめぐる安全保障環境は、のっぴきならぬところに来ている。いつまた襲ってくるかわからない自然災害に国民は不安感を抱き、北朝鮮は弾道ミサイル実験、核実験を強行し、日本を名指して暴言を吐く独裁者がどのような狂気に走るかわからぬ恐怖心を韓国、米国にも与えている。北朝鮮に最大の影響力を持つと見られている中国は「富国強軍」の道を突っ走っている。内部に多くの矛盾を抱えているが、軍事力を背景にした高圧的な外交に、少なくともこれまでの日本外交は屈服を重ねてきた。頼みの綱は米国であり、日米安全保障条約だ。約十年間にわたって中央アジアと中東に重点を置いてきた米国は一昨年暮れから、軸足（ピボット）をアジアに移すと宣言したが、第二期に入ったオバマ政権は、軍事力を米国に依存することによって「福祉国家」への道を歩んできた日本や欧州連合（ＥＵ）と同じ方向を目指し始めたのではないか。メディケア（高齢者向け医療保険）、メディケイド（低所得者向け医療扶助）、社会保障制度が相互に支え合う仕組みの必要性をオバマ大統領は二期目の大統領就任演説で説いた。あまつさえ巨額な赤字を出している米財政のシワ寄せは軍事費に集まっている。二期目に就任したケリー国務長官やヘーゲル国防長官は軍事的膨張を続けている中国と対決する姿勢は努めて慎しみ、話し合い路線を専ら強調している。米国内世論の大方は米軍の世界的展開に批判的であることと相まって、米国は「内向き」の時代に入ろうとしていると考えていい。日本は戦後初めての大きな危機に直面していると言っていいのではないか。内外の環境変化には対応できない、戦後憲法の欠点の深刻さを自覚している国民は次第に増えていると考えていいのではないか。

第九条だけの改正を行おうとの意思があれば可能な機会は三度あった。一回目はサンフランシスコ講和条約締結で独立を回復したときだ。独立国としての新しい憲法をつくるのが筋だが、朝鮮戦争を横目で眺めながら九条を改めようとしなかった。経済復興未だしの状況で米側の再軍備要請を吉田茂首相が断っている。二回目は一九七九年十二月のソ連軍によるアフガニスタン侵入事件である。冷戦下において米ソ関係が尖鋭化する中でソ連の影響力が世界的に拡大し、ついにアフガニスタンに軍事介入した。中国人民解放軍副参謀長の伍修権《ごしゅうけん》氏は、八〇年四月に訪中した自民党の中曽根康弘代議士に、「質、量ともに自衛隊の増強を希望する」と述べ、私見だとことわりながらも、「現在の国民総生産（GNP）比〇・

九％の日本の防衛費は二％にしても、日本経済に大きな影響はないのではないか」と語っている。中国はソ連の軍事的脅威に怯えていた。

八〇年一月に訪中の帰途東京に立ち寄ったブラウン米国防長官は、久保田防衛庁長官に、さらに三月に訪米した大来外相に対して「着実で顕著な」（Steady and Significant）防衛努力をしてほしいと要請した。米中両国からのたっての要請に応じる形で九条を改正する絶好の機会だったのではないか。三回目は一九九一年の湾岸戦争だ。クウェートを侵略したイラク軍に対して、国連決議に基づき二十八カ国からなる多国籍軍が攻撃を加え、あっという間に片をつけた。そのあとクウェートは米ワシントン・ポスト紙に一面ぶち抜きで感謝広告を出し、三十カ国の名前を挙げた。日本は百三十億ドルの巨額な資金を提供したにもかかわらず、この中に日本の名はなかった。「一国平和主義」の悲哀だが、だからこそ改憲によって並の国家になるのだとの気運は盛り上がらなかった。

しかし、国際的には中国、北朝鮮などユーラシア大陸から迫り来る脅威、米国のアジア政策に関する一抹の不安、国内的には大規模な自然災害の危険、天皇陛下のお世継ぎについての国民的な関心の高まり、改憲を目指す安倍政権の登場は現憲法が新しい憲法に生まれ替わる時期到来を告げているのではないか。日本が直面している事態の深刻性は前三回の比ではない。

強い日本と米国の同盟が国際秩序の安全弁に

憲法第九十六条の改正の手続きは衆参両院の三分の二以上の賛成で国会が発議し、国民投票にかけるという高いハードルが設けられている。GHQが改正をほぼ不能にするためにこの規定を考えたとの説がある。仮にそうであっても民主的手続きによってこれを改めるべきであろう。ひどい憲法を押しつけたのは米国であるが、これを反米論に結びつけるのはあまりにも情けない。ちょうど憲法が施行された昭和二十二年に「星の流れに」と題する流行歌があった。有楽町のガード下に真っ赤な口紅を塗ってたむろしていた日本人女性の自堕落な、何とも物悲しい曲で、三節の最後はみな「こんな女に誰がした」で終わっている。六十六年間も、しかも切羽詰まった改憲の機会があったにもかかわらず、それをしなかったのは米国のせいではない。誇りある日本人であれば自らの手で改めるべきであって、米国に対する恨み節はやめにしたい。

米国の中にもいわゆるリベラル派の中には、尖閣問題などで中国と日本の両方に「危険なナショナリズムが発生しているから、これを制御すべきだ」などといかにも賢そうに喧嘩両成敗を説いている向きもあるが、国の教育政策としてナショナリズムを煽ってきた国と健全なナショナリズムでさえも危険視して抑圧してきた日本を単純に並べてはいけない。強い日本と米国の同盟こそがアジア、ひいては世界の国際秩序の安全弁になると私は確信している。戦前のアジア通で、米国が日本と密接な関係を結ぶべきだと説いた外交官のジョン・アントワープ・マクマリー、日本の歴史、伝統、文化を愛し、最後まで和平を念じた戦前に駐日大使を務めたジョセフ・グルー、戦後強い日本の必要性を述べたジョージ・ケナンといった高い知性から日米関係を大局的に論じる人物が米国内に少なくなったように見受けられるのは気になる点だ。これらの人々が健在だったら、いまこそ民主、人権、法治など不遍的価値観の共有で結ばれた日米同盟がアジアの国際秩序の安全弁となり、ひいては安定した世界秩序への道が開けたと祝福してくれるに違いないと信じている。新しい日本の始まりだし、日米関係も戦後初めてパート・2の時代に入っていくと考える。

第五章

「普通の国」実現に着手した、たった一人の政治家　安倍晋三

（平成二十八年七月　日本外国特派員協会での会見録より抜粋）

冒頭発言

私は（会場にいる）誰よりも古いここの会員の一人です。今日は壇上でお話させていただけるのは初めてで大変光栄に思います。

「こちらの外国人特派員協会のご要望で日本がどっちの方に向いているのか。フェアな報道をしなければならないので、考えを聞かせろ」と言われ、やってまいりました。

フランクに申しますと、外国人記者クラブからの世界への発信は、どこに視点を置くかによってガラッと違ってくるという風に思います。

「日本が危険な、極めて好戦的な状態にあって、そこでナショナリストである安倍さんが登場した」という報道がありますけれども、私はそうは思わない。現実に安倍さんがナショナリスト的な政策をやったとは聞いていません。

それよりも日本の立場というのは、今から約二十年前にブレジンスキー教授が極めて正確に予測しました。彼は日本について「de facto protectorate of America」と表現したのです。

仮に、国家が「政治」と「経済」と「軍事」の「三本足」で立っていると仮定致します。

日本では、その一本の軍事は、全く普通の国のそれではないのです。これを間違えると、とんでもない記事になります。申し上げておきますが、日本の憲法には軍隊に関する規定がないんです。軍隊の規定を載せろという、一般の国々と同じようなことをやろうとすると、「軍国主義者だ」という非難を浴びる。

ブレジンスキーが言うように、外交防衛問題では、日本はいちいちアメリカの言うことを聞かないと動けないんじゃないか、こういう例は普通の国では無いんじゃないか、ということです。

ですから日本は、異常な左から真ん中に軌道修正しようとしている。これを一部の新聞は、真ん中あるいは右から極右に移る、という分析をしております。極めて遺憾であります。

一九九〇年から一九九一年の湾岸戦争をご存知でしょう。日本は一三〇億ドル出しただけで、何も動かなかった。ブッシュ大統領が率いる国際的軍事力であっという間に戦争を抑えられた。日本は一三〇億ドルの巨額な資金を出したけれども、どこからも感謝されませんでした。

私は当時ワシントンにおりました。ワシントン・ポストの一面の広告を見ると、クウェートが国際社会の皆さんへ、と掲げた大きな感謝広告でした。非常に丁寧な言葉で、「以下の三十カ国に」とお礼が述べられていましたが、その三十カ国に日本の名前はなかった。

イギリスの『エコノミスト』は、私が長年愛読し、最も権威ある雑誌だと思っていました。当時この雑誌は、「日本は昼寝しているのか、国際情勢が全くわかっていない、日本よ立ち上がれ」と言いました。素晴らしい論説だと思って、私は著書に引用しました。

ところが去年、日本会議に関する『エコノミスト』の論調にびっくりしました。「日本は戦前の日本に復帰しようとしている」と、こんなことを書いている。弱い私が抵抗できるのはたったひとつ、この雑誌を読まないことです。

湾岸戦争が終わった数年後に、小沢一郎という政治家が、ある本を書きました。政治家として私はこの人をまったく信用しない。正反対のことをいま言っているからだ。しかし当時、彼は、「日本は普通の国になれ」と言った。これは小沢が言う前から私共の仲間がずっと言っていたことでありますから、大賛成であります。

この、小沢の言った「普通の国」（これは私共が先に言ってたことですが）の実現に着手し、次々に手を打ってきたのが、たった一人の政治家、安倍晋三です。私はここで、安倍の「立脚点」を皆さんに理解していただきたいと思います。

安倍は、普通の国から右へのシフトを企んでいるナショナリストではない。極左から真ん中に日本の路線を持ってこようと努力している政治家です。

今、自衛隊には、皆さんご存知の通り、憲法の規定がないんです。国のバックボーンが憲法で規定されていないのは異常ではないのでしょうか。天皇陛下は警察と消防関係の大会にはご出席になるけれども、自衛隊関連の催しものにはお出にな

会見中の著者（平成28年7月13日　日本外国特派員協会）

らない。軍をコントロールする統帥権が、戦前と戦後ではまるっきり変わっているにもかかわらず、です。

こういう事実をわきまえないと、日本という強い国がさらに強い国になろうとしている、という誤解が生まれます。

もう一つ付け加えたいと思います。私は国際情勢をずっと分析してきた人間でありますが、皆さんも報道を見ていてお気付きの通り、誰か政治家で、（先の参院選で）国際情勢を論じていた人が一人でもいますか？

昨日、ハーグの仲裁裁判所が南シナ海における中国の活動を違法とする判決を出しました。いまの日本とアメリカに対する中国のそれぞれの立脚点を、合法と違法との対照でまさにハーグの判決は述べたのです。ところが、このことが一切選挙の争点にならなかったのは異様なことだとすら私の目には見えました。中国の膨張主義が、とくに南シナ海で目立ってきたのは二〇一三年以降であります。ハーグの判決でお分かりのように、明らかな膨張主義ではないか。

これに対抗するためにも、日本は先程申し上げたように、防衛で欠陥があり、三本足の一本がぐらついているから二本足で立てない。この一本を補うために、日米同盟を強化しなければ日本はサバイバルできない。

中国の膨張主義に対して、最も信頼すべきはアメリカでありますけれども、ここにも目立たないながらも大きな変化が起こりつつある。アメリカ大統領候補であるクリントンさん、トランプさん。お二人がおっしゃっているのは、アメリカは対外コミットメントは制限する、ということです。

オバマ現大統領でも二〇〇九年、ウエストポイントの陸軍士官学校の演説で、アフガニスタンに増派はするけれども、私が一番建設したいのはアメリカ・ファーストだと言った。トランプと同じです。

一つ、中国の膨張主義。二つ、アメリカの内向き傾向。その間に立って、日本はどうしなければいけないか。

戦前の軍隊を再現するなどという、おどろおどろしいことを言わないで欲しい。戦前の軍隊と今の自衛隊のシステムは全く違うんです。

その自衛隊のシステムを普通の国のような軍隊にして、これを憲法に盛り込む。したがって私は改憲に賛成であります。

これで最後にしますけれども、護憲派の言い分は中国の言っていることに極めて似ている、と申し上げて、私のプレゼンテーションを終わります。

質疑応答

――参院選の結果を受けての改憲への期待や今後の方向性について。

三つあると思います。

まず私の立場。私自身は衆参両院で三分の二というのは戦後初めてなので、絶好のチャンスだと思います。私が安倍さんであれば、この任期の間に全力を挙げて憲法改正を実現したいと思います。

日本会議ですけれども、いろんな合議体ですから、選挙結果に対して統一的な歓迎の声明は既に発表したと思います。日本会議はこれから、いろいろな運動を検討してから推進していくでしょう。

三番目は私の希望でありますが、皆様ご存知の通り、日本は民主主義社会でございます。同じ自民党の中でも憲法改正に慎重な人たちもいるし、積極的な人もいる。自民党の中でもひとつにまとめるには、相当難しいかなと思います。ましてや野党の人たちの発言を見ておりますと、「憲法九条に反対だ」と明確に申す方もいます。これから日本全体がどう動いていくのか。これは私の研究テーマのひとつになると思います。もちろん国際情勢が大きな要因になると思います。

――皇室尊重と「戦前復帰」への不安をどう思いますか？

皇室に関することと、戦前の日本は正しかったかについての二点ですね。皇室ですけれども、ここでご認識いただきたいのは、欧州の王室は、これは非難ではなくて、事実として征服王です。それから中国の皇帝は易姓革命によって次々と王朝が替わっていく。

日本の天皇は祭祀王と言うんです。(英語だとプリーストキング Priest King)。そもそも皇室は権力も持っていたんですけれども、奈良時代から二つに分かれ始めたんですね。それは天皇陛下がまだご幼少のとき、あるいはお年でお仕事ができない時、摂政関白というシステムができ、貴族の出身の藤原氏が権力をこういう形で皇室から奪い始めた。その次に平家です。それから鎌倉幕府。それから北条がきて足利が来て、それから織豊時代、二七〇年の江戸時代を迎えます。

ところがペリーが来て、欧米の国々による軍事、政治、経済、文化大ショックがあって、日本は明治維新を経て近代化を走ります。その結果、何が起こったかというと、明治天皇を中心に近代国家を築いたのです。幕府は国際情勢への対応ができなくなりました。天皇は祭祀王で、権威と権力は分化した。二、三の例外はありますよ。後醍醐天皇とか、後白河天皇の一時期とか、こういう例外はあるけど、権力は武士が持っていた。ただ、その権力者達は皇室にだけは手をつけなかった。約二千年の間、皇室は続いてるんです。しかも権力は武士が握っていた。この二分論というのは世界で日本だけなんです。

従ってこの皇室を尊重しようという人はいて当然なんだけれども、日本人の中にこれを軽蔑する人がいる。よくわかっていないんです。これが非常に困ったことだなと思います。で、あと十年間でどうするかというと、一般の日本人でも、皇室はイギリスのようになるだろう、そのうち共和制になるだろうというのが私の知人にもいるんです。そうはならない。きちっと存続していくだろうと思います。それが日本の国体だからです。

――十年後ぐらいの世界において、どんな日本を望んでいるのか？　ビジョンを聞かせて欲しい。第二次世界大戦についての見解は？　あの戦争は間違った

戦争だとお考えか？

おそらく十年後には憲法は改正されると。そして、北東アジアの一角に「普通の国」が実現する。しかし、周辺諸国を脅かすわけがない。仲良くやらないと我々は生存できない、地政学的位置にある。

従って憲法改正した後の十年間、あるいはそれ以後もずっと軍隊を持った普通の国が続くが、戦前の反省でシビリアンコントロール、厳しい制度を定めて、関係国に心配を起こさせない。

国内的には観光客がたくさんきて日本を知るようになっている。「優しい国だね」「治安はしっかりしてるね」「文化もおもしろいね」「平和を愛する国だね」という印象を強く出していく。私は独立自存の「道義国家」が目標だと思っています。

いかなる国も、とりわけ戦争をした国同士は、異なる歴史観を持っているんだということは当たり前。相手を「修正主義」というのは結構ですが、いかなる国も歴史観というのは違うものだと、私は了解している。賢い、国際性をもった政治家は、歴史観を異にしながらも、これをいつまでも根に持つようなことはいたしません。

例を申し上げます。一部の皆さんが「ナショナリスト」と叫んだ安倍さんはアメリカの議会で何を言われたか。非常に柔らかいことを言われて、下院議長などは涙を流されているのを私はテレビで目撃しました。

アメリカ大統領のオバマさんは、伊勢志摩にこられた時に、特に広島を訪問された。

二人の賢明な政治家が、歴史観はそれぞれ異なるけれども、大きな見地から水に流して、新しい日米関係を作ろうという、これを行為と言葉で示されたことだと思います。

――第二次世界大戦は間違っていたかどうかという点については？

日本の戦争は間違っていた部分もあります。正しい部分もあると思います。アメリカの戦争責任について触れた書籍も少なくない。従って、どっちかが絶対に正しくて、どちらかが絶対に間違っているということはない。「どっちもどっちだ」ということだと思います。

――最近の天皇陛下の平和主義、戦争責任についての発言は日本会議の立場と異なるのではないか？

天皇陛下について私の個人的見解ですが、日本は立憲君主主義なんですね。私は先ほど天皇についていろいろ申し上げましたけれども、明治以降は立憲君主国ですから、権力は天皇に形式的に差し上げている。いまの国民主権と矛盾しない。帝国憲法下で天皇はすべての責任を負う権力者ではなかった。立憲君主ですから御名御璽という天皇のお名前が出ている決定文書の下に副署者というのがいて、それが首相から各大臣まで署名する。その人達が（天皇に）代わって責任を負っているのです。

そして明治天皇も昭和天皇も、大正天皇はちょっと期間が短かったのでないですけど、三つずつの決定を下されただけ。明治天皇は都を京都から東京に移された遷都。それから西郷と大久保が争った西南事件、島津久光が三条実美を弾劾した時、明治天皇は断を下された。三つだけですね。

明治憲法下で、権力を総覧したのは明治天皇。しかし実際に権力を分担したのは元老なんですね。

元老がだんだん亡くなったりして少なくなってくるとこれからが問題になってくる。これは私は日本の悪い点だと思いますけど、陸軍参謀総長、海軍軍令部総長、内閣総理大臣、陸軍大臣、海軍大臣、五人でそれぞれが権力を分け合ってしまった。これはあの戦争の私は最大の失敗だったと思います。

それから昭和天皇。三つのご判断をされただけ。

一つは満州事変の前の張作霖爆殺事件。

二番目。これは二・二六事件で反乱軍の将校を絶対にお許しにならなかった。

三番目。終戦の時にもう内閣が判断できなくなったときに「もう戦争は終結すべし」と判断されたのが昭和天皇です。

立憲君主制の見本です。

――天皇陛下の平和主義についての発言については？

私は天皇陛下の発言はすべて正しいと思います。

――戦前の日本も膨張主義ということが出来ると思うが、中国の膨張主義については、どう考えているのか？

あの戦争は、日中の戦争であり、日米であり、日ソの戦争でもあった。三つとも少しずつ違う。今おっしゃったのは日中の問題。南シナ海については、戦前日本がやったことが膨張主義だからと言って、今の中国の膨張主義が許されるわけはない。

従いまして、私の立場は昨日のハーグの国際的常識に従う。中国のやっていることは危険な冒険主義ではないというのは、これは間違いじゃないか。

――日本を「普通の国」にということだが、自民党の改正案は憲法九条だけではなく「個人の権利」についても言及されている。これが制限されるようでは「普通の国」とは言えないのでは。

個人の権利、基本的な人権を尊重するか。日本に「尊重しない」という人はほとんどいないんじゃないでしょうか。が、権利には義務が伴う。いまの日本は「権利」が異常に多い。バランスは必要です。

三年前に産経新聞社で「国民の憲法起草委員会」というのを作りました。その時に座長を私が務めました。その時に憲法には一つの目標を掲げる必要があるのではないか。その目標は何がいいか。これ今までやってきた一番あほらしい目標というのは経済大国なんですよ。そういう経済とかお金とか低次元のものではなくて、もっと高い目標を掲げましょう。それは独立自存の道義国家。で私なりの解釈は自由、民主、人権、こういう普遍的な価値観を掲げたうえで「独立自存」の道義国家をつくろう、ということです。これが「普通の国」です。

――日本会議の会員の中には、加瀬英明氏のように体罰を許容すべきとの意見や、女性の社会進出を抑制すべきだというような意見もあるようだが、この点についてコメントを。

加瀬さんは日本会議の会員だが、日本会議の各会員が何を言ったとしても、正しければ問題ない。

これは個人的な見解ですが、簡単に申しますと。

ラフカディオ・ハーンが日露戦争の時に書いた論文集「神国日本」があります。

そこで言っているのは、こういうことなんです。

日本人は子どもに体罰を加えない。レストランなんかで暴れ放題、子どもが暴れているのに、これを放置している。大学に入ってから厳しく躾けるけど、これは逆なんじゃないか。

今でも私はその通りだと思う。だから、子どもに少し体罰、アメリカがやっているように「スパンク」ですね。お尻をたたくぐらいのことはやって当然じゃないかと。

その国、その国には、いろいろな文化と習慣があって、体罰が必要な国もあるし、必要のない国もあるだろう。一概に「こうしろ」と強制はできないと思います。

第六章

日本会議への批判報道を糾す

間違いだらけの関連書籍

先日、外国人記者クラブのライブラリで調べ物をしていたら、見ず知らずのフランス人記者が話しかけてきた。

「あなたがタクボか」と訊くので「そうだ」と答えると、「今日の『The Japan Times』を見たか。あなたが出ていたぞ」と言われて驚き、すぐに『The Japan Times』を買い求めた。

記事は、朝日新聞政治部の園田耕司さんという記者が書いたもので、内容は日本会議について。記事では私をずいぶんと高く評価してくれている。

要約すれば、日本会議は憲法改正を企んでいる連中の集まりである、田久保が日本会議を作ってアイデアを出し、組織を牛耳っているのだ……。

ずいぶんと買い被られたものだ。

むろん、事実は全く違う。私が日本会議の会長になったのは昨年で、それまでは代表委員として事実上、名前をお貸ししていたに過ぎない。

日本会議は、平成十年（一九九七）に「日本を守る会」と「日本を守る国民会議」が統合する形で発足した。「国民会議」には私も講師として入っていたが、そこでもたいしたことはしていなかった。だから、私が影響力を持っているというのは過大評価である。

『The Japan Times』の記事はこう続く。

憲法改正について、安倍首相は熟慮して、これまでと違ったトーンになりつつある。ところが、日本会議はいまだに突出した考えを持って行動している。このままでは、日本会議はいずれ二つに分かれるだろう。一つは安倍首相に忠実なもの、もう一つは憲法改正すべきだとの方向に突き進むもの。二つに空中分解して次第に勢いを失っていくのではないか……。しかし、自民党が参議院選で大勝すれば話は別だが、と。

ここ一年前くらいから日本会議が注目され出し、特にこの四月に出た菅野完『日本会議の研究』（扶桑社新書）を皮切りに、関連書籍や記事が続々出ている。

ざっとあげるだけで、上杉聰『日本会議とは何か』（合同出版）、『Journalism』「特集　存在感増す『日本会議』、組織、人脈、行動…右派運動ってなんだろう?」（二〇一六年五月号）、『週刊金曜日』「特集　『戦後憲法』を敵視する保守運動　日本会議」（五月二十七日号）……。

どれもが日本会議を批判する内容で、今後も続々と出版されるようである。

国外でも、昨年六月にイギリスの『The Economist』が日本会議について報じた。実はこの時、女性の記者が櫻井よしこさんのところに取材に行き、一時間半くらい話を聞いたという。

櫻井さんは真っ当なことをお話しになったようだが、それは紙面では全く取り上げられなかった。つまり、初めから日本会議を叩くのが目的で、櫻井さんから何か裏付け材料になるものを得ようという魂胆だったのだろう。

これらの記事が読まれて、下敷きとなり、各国で新たな記事がどんどん出ている。たとえばオーストラリア、フランス、ドイツの新聞が大同小異の記事を書いている。

日本会議としては、批判されるのは構わない。それが妥当なものであれば、反省すべき点は反省しようと思っている。ただし読んでみると、あまりにも的外れの批判が多すぎる。放っておくわけにもいかないので、会長として日本会議への誹謗・曲解に答えたい。

新たな批判対象として

そもそもなぜ、日本会議が叩かれるのか。

我々日本会議は、「美しい日本の憲法をつくる国民の会」の参加団体として、一千万人賛同者拡大運動を行っている。七月に実施される参議院選挙後に、憲法改正の国民投票が行われることを目指したもので、時期的に見ても参院選で憲法改正が大きなイシューになると考えていたからスタートしたのである。

ところがここにきて、『The Japan Times』も書いているように、安倍首相のトーンが変わってきている。おそらく安倍首相としては、安保法制の際にエネルギーを使いすぎて、いまは大きなことをしたくない。憲法改正への手続きは大変だから、まずは参議院選挙で三分の二を確保することに集中しよう――という政治的判断をされたのだろう。それは安倍首相の判断だから、こちらからとやかく言うことは控える。

しかし我々は政治家ではないので、直線的に手がけた仕事を最後までやるぞ、と参院選を前にして盛り上がっている。そうなれば憲法改正という点において、当然、我々の存在は突出したものになる。

突出するために運動しているのだから当たり前だが、しかしそれが目障りだと感じる人も出てくる。よし、ここで叩いておこう、というのが日本会議批判派の最大の狙いではないかと思う。

特に『The Economist』ではそれがよくわかる。書かれていることを箇条書きで抜き出すと――。

・日本会議は歴史修正主義者を集めている。

・第二次世界大戦で東アジアを解放した、と戦前を賛美している。

・軍隊を再建しようとしている。
・愛国主義だ。
・「左翼の教師たちが子供たちを洗脳しようとしている」と騒いでいる。
・戦前の天皇絶対主義を再現しようとしている。

どこかで聞いたことがあるような批判である。

すなわち、この雑誌は時代錯誤的リベラルなのだ。実はいま、アメリカではリベラルは孤立主義と同じような蔑称になりつつあり、リベラルであることを隠すアメリカ人が圧倒的に増えていて、自分たちを「progressive」（進歩的）と自称するようになっている。そういった人たちが、この記事を書いたのだろうか。

彼らは『ニューヨーク・タイムズ（NYT）』を中心に、ずっと安倍首相を叩いてきた。それでも首相の支持率は高いままだ。ナショナリストだと繰り返したが、そうではなかった。アメリカでも評判がいい。G7も安倍首相の独り舞台だった。オバマ大統領も広島に来た……となると、安倍首相を叩くことができなくなってきた。そこで、批判する対象として日本会議が登場するという構図だろう。

改憲の何が悪いのか

　そもそも、改憲論者で第九条の二項を変えようという者はいるが、一項を変えようという者はいない。念のため引用すると——。

一、日本国民は、正義と秩序を基調とする国際平和を誠実に希求し、国権の発動たる戦争と、武力による威嚇又は武力の行使は、国際紛争を解決する手段としては、永久にこれを放棄する。

二、前項の目的を達するため、陸海空軍その他の戦力は、これを保持しない。国の交戦権は、これを認めない。

　読めばわかるように、一項は「侵略戦争をしない」との意味で、これに反対する人はいまい。しかし、二項のままでは自衛隊は軍隊ではない。国内法では憲法の制約から軍隊ではないが、「国際的には軍隊とみなされます」と国会答弁され続けてきた。二項がどれだけ現実とそぐわないかは、見てのとおりだ。仮に自衛隊員が海外で捕えられ、「軍人としての正当な待遇を求める」と主張しても、「諸君らは国内法では軍隊ではない」と言われることも考えられる。こうした不整合な状態は解消しなければならないだろう。

ところが、『The Economist』は「紛争解決の手段として」武力の威嚇や行使はしない――との第一項を廃止しようとしている、と書いている。

一九九〇～九一年にかけて、サダム・フセインがクウェートを占領したのを、ブッシュジュニアが多国籍軍を使って追い出した。クウェートは『ワシントン・ポスト』の一面を使って感謝広告を出したが、そこに日本の名前はなかった。

他ならぬ『The Economist』が「重大事に昼寝をしていたのか」と日本を批判し、私は「そのとおり、さすが The Economist だ」と著書に引用したことがある。しかし、今回の記事では正反対のことを言っている。

これまで日本は憲法九条があるために、経済以外での国外での活動はしてこなかった。そんな状態を改めなければならない。だから日本会議は憲法改正を目標にしているのに、なぜいま『The Economist』がそれを批判するのか。

かつて中国は、憲法改正することで日本は軍国主義に戻ろうとしている、と言っていたが、誰が信じるか。中国でさえこの恥ずかしさに気づいて、十年ほど前から言わなくなっている。それを、『The Economist』が臆面もなく使っている。

他にも愛国心を子供に強制しようとしているというが、これまで国旗・国歌が軽んじられ、愛国心があまりにもなさ過ぎた。ために、愛国心くらいは教育基本法の精神として入れることを考えて実現したことが悪いのか。イギリスは愛国心を危険視し、国旗・国歌を軽んじている国なのか？

靖國参拝もけしからんと言うが、招魂社であり、「A級戦犯」も「B級戦犯」もない。「靖國で会おう」と言って戦争で亡くなった人たちの思いを、尊重したいだけである。日本の神道とは何かが全くわかっていない。

もし中国や韓国の言うように「A級戦犯」を除外すれば、次はB、C、最後には靖國神社自体をなくしてしまおう……となるのは目に見えている。外交の道具に使われていることも見抜けないのか。

『The Economist』のオピニオンには呆れてしまい、以後、この雑誌を読むことはやめた。

三つの批判への反論

日本会議批判は、大きく分けると三つになる。

一つは、様々な宗教団体が入っていること。宗教団体は教祖の一存で右向け右となる団体で、それは危険ではないか、と。

様々な宗教団体が参加しているのはたしかだが、日本会議の綱領と運動方針（日本の伝統・歴史を尊重する、皇室を尊重する、憲法を改正する）に賛同する向きは個人、団体、宗教団体などに限らず入っていただいている。基本のところではコンセンサスがとれている宗教団体だけだ。むしろ、違う考えだったら参加しないだろう。

二つ目は戦前への親和性、すなわち天皇崇拝や軍国主義など、戦前の価値観へ戻ろうとしているという。

これまで、日本の国体という問題を考えたことのない人たちなのだろう。少なくとも『The Economist』、『The New York Times』などはそうだ。たとえば、私は産経新聞の「国民の憲法」起草委員会の委員長だったが、一室にこもって日本の国体とはなんぞやを長時間、侃々諤々《かんかんがくがく》議論してきた。

要するに日本の歴史のなかで、天皇は権威であり、権力は別にあった。幼少あるいは老齢の天皇をお助けする役目として、摂政、関白の補佐役ができ、それが権力になっていった。権力は藤原氏、平氏、源氏、北条氏、足利氏、次いで織豊時代を経て江戸時代、そして明治維新になる。その間、後白河上皇、後醍醐天皇の時代などの一時期を例外として、天皇の権威を侵す者はいなかった。万世一系の皇室を尊重するのはいけないのか。

憲法についても、日本会議は「新憲法の大綱」を過去に発表し、百地章先生と大原康男先生に解説を書いていただき、『新憲法のすすめ—日本再生のために』（明成社）という本を出し、皇室尊重ではあるが、しかし立憲君主制なので、元首としての天皇の下に、実権は内閣総理大臣が握る構造を提起している。

西欧の王は征服王であり、また中国は易姓革命の国だ。天皇が祭祀王（プリースト・キング)、世界で類を見ない国民の安寧と平和を祈る王であることを理解していない。だから、皇室尊重を危険視しているのであろう。

たしかに、戦前に行き過ぎた時期はあった。しかし、戦争が近づいて社会が異常になった瞬間だけを捉えて「戦前＝悪」とするのは、デマゴーグの一種ではないかと思う。

三つ目の批判は、元号法制定や国旗国歌法制定、教育基本法改正など、日本会議がこれまでやってきたことが実現しており、日本会議は大きな力がある運動団体で政府をコントロールしている、というもの。

考えていただきたいのだが、中国やロシア、北朝鮮ならともかく、日本は民主主義国家である。特定の運動団体が、国会や政治の動きを自在にコントロールできるわけがない。いくら日本会議に力があったとしても、国民を説得し、国民が納得しなければ何事も決まるわけがない。常に過半数を動かすような力などありえない。こんな当たり前のＡＢＣがわからないのだろうか。

日本会議がやってきたことが実現したというのは、わが国民の声なき声を土台に、各人が長年かけて一所懸命、無私の心でやってきた結果でしかない。もう少し違う角度からご覧になったほうがいいのではないか、とアドバイスをしたい。

問題箇所が百五十カ所

先に挙げた多くの日本会議批判本や記事のなかで、現在、際立って売れているのが、菅野完氏の『日本会議の研究』で、すでに十万部を超えているという。

ざっと内容を見てみよう。

「日本会議の淵源は谷口雅春の生長の家」
「日本会議をつくったのは村上正邦元参院議員」
「安倍首相のブレーンとも言われる日本政策研究センター代表の伊藤哲夫は生長の家の元幹部」
「百地章（憲法学者）、高橋史朗（明星大教授）ら日本会議に近い学者たちも生長の家から出た人々」

「『日本会議国会議員懇談会』に所属する国会議員が第三次安倍内閣の全閣僚十九名に占める割合は八割を超えていた」
「もはや安倍内閣は『日本会議のお仲間内閣』」
「政治家では首相補佐官の衛藤晟一などが活発に活動」
「日本会議を支えているのは佛所護念会、念法眞教、崇教真光、神社本庁、霊友会などの各種宗教団体……彼らが運動の主力」

こういう背景のもとに安倍政権が進める憲法改正を目標に活発に運動しているのが日本会議だということを、古い資料なども引用して一見、実証的（?）にレポートしている。

事務局で『日本会議の研究』を調べた結果、虚実、装飾、誹謗中傷、事実誤認、印象操作、著作権侵害、肖像権侵害、プライバシー侵害など、数えると百五十カ所以上あった。

椛島有三氏（日本会議事務総長・日本協議会会長）は直ちに扶桑社に出版停止を求め、申し入れを行った。概要を引用すると――。

《一、『日本会議の研究』は、過去の一部学生運動・国民運動体験者等の裏付けの取れない証言や、断片的な事象を繋ぎ合わせ、日本会議の活動を貶める目的をもって編集された極めて悪質な宣伝本であり、掲載されている団体・個人の名誉を著しく傷つけるものである。

二、ことに、日本会議の運営が、宗教的背景を持つ特定の人物によって壟断されていると結論付けていることは、全く事実に反している。日本会議の意思決定は政策委員会、常任理事会、全国理事会など各種役員会を通じて機関決定されており、長年にわたり本会運営に携わった役員・関係者各位への冒瀆である。》

政策実現を目指すのは当然

申し入れ書の二について触れておくと、そんな人間はどこにも見当たらない。会長、副会長、常任理事、理事と、普通の組織と同じだ。会議にしても、地方から中央に上がってきて、積みあがってきたものを常任理事会で決定する仕組みである。だから、特定の人物が壟断できる組織ではない。

日本会議の具体的活動の例として、魚住昭『証言　村上正邦』を基にしながら、「戦後五十年決議」の文案をめぐる攻防が書かれている。

最終的な決議案文面変更に怒った椛島氏らが、村上氏のネクタイを摑《つか》んで怒鳴り散らした――とあるが、これは事実に反する。椛島氏ら終戦五十周年国民委員会の役員は村上氏に呼ばれて部屋に入ったのであって、怒鳴りこんだわけでもないし、ましてやネクタイを摑《つか》んでもいない。

さらに、「戦後七十年談話」作成時に、座長代理の北岡伸一氏が「安倍首相に『日本が侵略した』と言ってほしい」と言っていたが、「『植民地支配と侵略』や『おわび』の踏襲にこだわる必要はない」と正反対のことを言い出したのは、《彼が相当の圧力――「参院の法王」（注・村上正邦）にさえ「ネクタイを摑んで」「怒鳴り散らす」ほどの圧力――を受けたであろうことは想像に難くない》と書いている。

断定こそしていないが、「日本会議が圧力をかけた」としたいのだろう。

しかし、そんな事実は全くない。だいたい、日本会議のメンバーは北岡氏が苦手で、率先して接触したい人ではない。

他にも、昨年十一月十日に日本会議が主導し「美しい日本の憲法をつくる国民の会」が開催した「今こそ憲法改正を！　武道館一万人大会」で「九条改正は語られなかった」としているのだが、櫻井共同代表は、いまの憲法では日本を守れない、と九条改正の必要性について言及している。

批判派が一番気にしているのは、多くの政治家が名を連ねていることのようだ。

しかし、我々は運動体である。国民運動を通じて政策実現を目指しているのだから、法律法令を作る地方・中央の政治家にアプローチするのは当然で、共通の目的を持った政治家が参加するのも当たり前ではないか。それは右左関係なく、全ての民間運動に言えることである。国民運動団体が政治に密着していることを批判されても困る。

また、椛島有三氏が昭和五十二年（一九七七）に元号法制定運動の際に、《「国会や政府をゆり動かす」ため「各地に自分たちの問題として取り上げるグループを作り」「県議会や町村議会などに法制化を求める議決をしてもらい」「この力をもって政府・国会に法制化実現をせま」る》という戦略をもち、これが現在の「日本会議の運動戦略」そのものだと言う。

これはそのとおりだ。しかし、それの何が悪いのか?

同じように、最高裁の天下り機関のような言い方もされているが、そんなわけがない。石田和外元最高裁長官が日本会議の前身ともいうべき組織の議長を務め、たまたま第三代会長に元最高裁長官の三好達氏がなられていたにすぎない。

国際情勢の変化を見ろ

日本会議を批判する人たちは、憲法改正で力を発揮されては困る、という焦りから批判しているのだろう。特に昨年十一月十日の一万人大会で人が集まったので、ますますまずいと思ったのではないか。

では、憲法改正がまずいことなのか?

一万人大会に、米国のジョン・マケイン上院議員がメッセージを送ってくれた。彼の口から憲法改正を言えば内政干渉になってしまうのでそうは言わなかったが、「しっかりした日本を作ることを心から望む」というものだった。

中国の異常な膨張主義と米国の「内向き」の姿勢のなかで、「日本の憲法改正に反対するアメリカ人はいまは少ない」との話を、米国の然るべき人から聞いたばかりだ。

いまのアメリカは、猫の手も借りたいほどいっぱいいっぱいの状態である。そのため、自分の国も守ろうとしない国のために自分の子供たちの血を流してたまるか、という気持ちが高まっている。日本会議批判をする前に、日本を取り巻く国際情勢を少しは考えてみたらどうか。

アメリカはこの三十年来、自殺率が上がり、所得格差も凄まじいことになっている、アメリカンドリームはもはや「風と共に去りぬ」、そんな状態になっている。だからこそ、トランプが出てきたのである。

そんなアメリカを前にして、日本はどうするのか。仮に、トランプではなくヒラリーが大統領になったとしても結局はオバマの踏襲だから、アメリカが内向きであることは変わらない。

かつてペリー、敗戦と、日本は二度にわたる大改革を体験したが、三度目の衝撃波も太平洋の向こうからやってくるかもしれない。自分たちで考え、行動するしかない。なぜ、国際情勢に明るいはずの外国人記者の一部の人たちが憲法改正を危険な行動だと言うのか、理解できない。

昨年六月、日本外国特派員協会での記者会見でこんなやり取りがあったという。質問者は『The Economist』のマクニール記者。答えたのは小林節氏（『Journalism』魚住昭記事より）。

マクニール「集団的自衛権行使を合憲としている憲法学者が三人おり、彼らは全員、日本会議に属している。それは何を意味しているのか？」

小林「私は日本会議にはたくさん知人がいる。彼らに共通する思いは第二次世界大戦での敗戦を受け入れがたい、だからその前の日本に戻したい。日本が明治憲法下で軍事五大国だったときのように、米国とともに世界に進軍したいという思いの人が集まっている。よく見ると、明治憲法の下でエスタブリッシュメントだった人の子孫が多い。そう考えるとメイクセンス（理解）でしょ」

これはもう、アナクロニズムでしかない。現在の日米関係、アメリカの現状を全く見ていない。

小さなグループの集まり

ただし、小林氏の「軍事五大国だったときのように、米国とともに世界に進軍したいという思いの人が集まっている」というのは、日本は自分の国の運命を自分で決めるプレイヤーであるべきだ、という点で当たっている。

ところが、いまは全てアメリカ頼み。防衛を放棄し、経済だけで繁栄してきた。それはそれで一つの成功だとは思うが、憲法の枠内で「孤立主義」を唱えてきた「一国中心主義」ではないか。米国と一緒に、世界に「進軍」することを本気で考えている日本人はいるのか。

戦前の軍隊と違ってシビリアンコントロールをはっきりさせ、統帥権の独立などの解釈は絶対に生まれない体制にする。単に「戦前の日本に戻したい」などと考えている会員は一人もいないと思う。第一、そのようなことは運動の目標たり得ないのである。

以上述べたように、日本会議への批判は過大評価か的外れ。我々は「安倍政権の黒幕」などではなく、一所懸命活動している一国民運動団体でしかない。いま成果があがっているのは、長年の地道な活動の結果なのだ。奇しくも、『週刊金曜日』で魚住昭氏がこう書いている。

《日本会議の実態は小さなグループの寄り集まり》
《日本会議は戦術が巧みで、実態以上に自分たちを大きく見せるやり方がうまい。その結果、彼らがあたかも現在の日本を覆い、政治を動かしているかのような誇大イメージが現在、あちらこちらに広まっている》

そのとおり。よくわかっていらっしゃるではないか。

第七章

国際情勢の疾風怒濤の中で
私の歩んできた道

編集部注

本章は公益財団法人 郷学研修所・安岡正篤記念館発行 季刊『郷學』第九十号・九十一号（平成二十七年一月・四月）の連載企画「郷学春秋――人を訪ねて」より転載させていただいた。文中で質問者が「私共」と表現しているのは同法人のことを指している。

――三年ほど前になりますが、田久保先生に私共の研修会でご講演を頂いた時、こういうお話を伺ったのが印象に強く残っております。かつて日光の田母澤会館で田久保先生が安岡正篤先生にお会いして、当時首相になる少し前だった宮沢喜一さんについてお尋ねしたところ、安岡先生は「彼は横の学問は堪能だけれども、縦の学問はできていない」と評していたとのことですね。

田久保　そうでした。その含蓄の深さには頭が下がりました。

――ひるがえって考えますと、田久保先生は横の学問も縦の学問もおできになる極めて幅広いお方です。とかくどちらかに偏ってしまう例が多いと思うのですが。

田久保　いやいや、私などどちらも一知半解ですよ。評価の対象ではない。

――国際ジャーナリストとしてご活躍されていますが、元々は水戸藩士の出自であられますし、床しい品格を漂わせていらっしゃいます。そういう品格は外国の人々と交わっていらしても、確実に通じるものではないかなと感じております。

田久保　お恥ずかしい次第です。

――本日は非常に多彩な先生のライフヒストリーのお話を承って、読者にご紹介させて頂きたいと念じております。

田久保 そうですか。実は八年ほど前に並木書房から『激流世界を生きて わが師わが友わが後輩』という本を出しました。一種の回顧録ですが、三部に分かれておりまして、第一部は通信社の記者として活動した時期（二十三〜五十歳）で、第二部は杏林大学の教授になり教育・研究に当たった時期（五十〜七十五歳）、第三部は七十五歳から現在に至る六年間で、国家基本問題研究所の副理事長として第三の人生を歩んでおります。主として拘わった部分はジャーナリストとしての歩みなんですけれども。

――それではその三つの流れに沿って、思い出なりご所感をお話し頂ければと思います。宜しくお願い申し上げます。

水戸藩 天狗党の血筋

――まず、パートワンとして出自のあたりからお伺いできますか。

田久保　はい。私の父は水戸の生まれでしたが、千葉県に移って銀行員をしていた時、私の母の家に婿入りしたのです。旧姓は平方七郎です。曾祖父は水戸藩士であったため、父に関する私の思い出は、毎朝床の間に飾ってある藤田東湖の掛け軸を父とともに読み上げたことです。「天地正大の気粋然《すいぜん》として神州に鍾《あつ》まる…云々」の言葉は、子供心に深く沁み込んで、今もありありと頭に浮かんでまいります。

ちなみに、曽祖父平方金五郎忠善は幕末の水戸藩における紛争の中で天狗党に入り、武田耕雲斎や藤田小四郎の激派ではなく、榊原新左衛門の鎮派に属しましたが、結局慶応三年に流謫《るたく》された久留里藩で刑死しています。三十五歳でした。二十歳だった弟も同地で死んでいます。二人は今、水戸市の回天神社という所の「水戸史跡水戸殉難志士ノ墓」に祀られております。

ところが三年前の東日本大震災で、天狗党の全員の墓が倒れてしまいまして、神社から電話があり相談を受けて募金活動に協力をした結果、今は復興いたしました。そこで代表から揮毫を依頼されたものですから、恥ずかしながら私が字を書いてきました。

――なるほど、さすがに重みのある家系ですね。ご先祖からの一筋のものを貫いて、ご親族が生きておられることが窺えます。

田久保　それから、私の父の長兄は全盲だったのです。十五歳で事故に遭い失明し、鍼医になりましたが、不治の病に苦しむ人々を救うことが自分の天命だと捉え、その道を直向《ひたむ》きに突き進んだ姿は見事なものでした。富も名誉も無関係に、病人と盲人のために一生を捧げた伯父を若い私は目の当たりにしてきたわけです。食事も質素、多数の盲人の弟子を我が家に住み込ませ、資格ありと判断するや自立させせました。家に来た患者には政・官・財の著名人も多くいましたが、民俗学者の柳田国男もその一人でした。後に厚生省から叙勲の話があっても、あっさり断りました。一徹で直情径行、そんな伯父の姿に私は多くのことを学ばせて頂きました。

――いや実に素晴らしいご親族に囲まれて育ってこられたということが、よく分かるお話です。

土屋清恩師との深いご縁

田久保　その後、私は早稲田大学の法学部に学びましたが、大学とは別に、非常に感銘を受けた先生がおられました。それは朝日新聞の論説委員であった土屋清先生です。この方は東大の河合栄治郎先生の直系でして、恩師の思想を広めようと社会思想研究会の読書会を開いていました。私はそれに参加しまして、多くの点で開眼させられました。人生の節目節目でまたとない貴重なご指導を賜った最大の恩人でもあります。先生は朝日を辞められてから産経新聞に入られ、その後は経済評論家としてご活躍された方です。土屋先生のお宅に伺うと、その蔵書の多さには肝を潰《つぶ》したものです。

――　社会思想研究会の読書会の様子はいかがでしたか。

田久保　読書会は週に一回でしたが、先生はとても厳しかったですよ。一例を挙げれば、シュンペーター著『資本主義・社会主義・民主主義』を読んだ時、発表者が「読めば読むほど精緻な議論で問題点が見出しにくい」と述べた途端に、土屋先生から激怒のお言葉が飛び出しました。「批判ができなくては研究の意味がない！」と。そこにいた皆が縮み上がるような思いをしたものです。私は一番年少でしたから、なるべく先生の目を見ないように小さくなって一年。ある時は先生が、電話で時の大蔵大臣を叱りつけているのを耳にしたりして、知の巨人の偉大さに感銘を受けたものです。新聞記者というのはこんなにも偉いものなのか、どうしても新聞記者になりたいなと、最初にそう痛感した一瞬でしたね。（笑）

――それも貴重な人とのご縁ですね。ジャーナリストへの志望がそこで芽生えたと。

田久保　それに加えて、伊藤正徳さんが、自ら社長をされていた時事新報紙に「連合艦隊の最後」という記事を連載されていて、その美文調にいたく感銘したことも、新聞記者志望に輪をかけました。

ある日、全盲の伯父が「お前はどこに就職するつもりだ」と聞きました。私はジャーナリストになりたいと言いました。すると伯父は、「伊藤は水戸出身で俺の友達だ。この診療所にも時々来ているから、一筆書いてやろう。会うだけ会ってこい」ということで、紹介状を持って時事新報の伊藤社長に会いに行ったのです。面会したら社長は「そうか、平方の甥か」と言って話を聞いて下さったけれども、未熟な私が「貴方のような文章を書きたい」と生意気を言ったら、当然のことに笑われてしまいました。文章書きはそんなに甘いものではないぞと。結果としては、時事新報は経営がうまく行かなかったため、別会社の時事通信社に入ることになったのです。後日そのことを伯父に報告しましたら、就職を頼みに行っておきながら伊藤氏にその後の結果を報告もしないのは、とんでもない無礼なことだと叱られ、慌ててお礼に駆けつけたという思い出もあります。

それとは別に、時事通信社の最終試験を受けた時に、土屋先生にお目にかかったら、就職のことを聞かれましたので、時事通信社を受けたとお答えしました。すると先生はさっと席を立たれてどこかへ電話をかけた後、「今、時事通信の長谷川才次社長に電話した。君のことを面接で印象に残った学生だと言っていたから、多分大丈夫だろう」と言って下さいました。有難いことです。

――実にすばらしい方々とのご縁で、ジャーナリストへの進路が決まったとしか言いようがありませんね。

田久保　その後も私は土屋先生に結婚の媒酌をお願いしましたし、後年時事通信社を辞めて杏林大学に移る時も、いろいろ相談に乗って頂きました。先生の座右の銘は、孟子の「大丈夫」でして、

富貴も淫する能わず
貧賤も移す能わず
威武も屈する能わず
此《こ》れ之《これ》を大丈夫という

これを言論人としての自分の信条としていると書いておられます。我々を前に

してよく引用されたのは、ドイツの法哲学者であるオットー・フォン・ギールケの「人の人たるは人と人との結合にあり」でした。私は人の縁を不思議に感じる度に、先生への追慕の念が募る思いです。

――五臓六腑に沁み渡るよいお話です。血筋と良縁とに結ばれて、田久保先生のこの素晴らしいお人柄が生まれたのだなと、改めて感じ入りました。

地方部　ハンブルク特派員　そして沖縄

――時事通信社に入られてからのご苦労のことをお話し下さい。

田久保　時事通信社に入社した私は、まず地方部に配属されました。地方の官庁のニュースを細大漏らさず報道する「速報」を毎日作るという、大層忙しい仕事です。後に自治庁、大蔵省、農林省と官庁担当の記者になりました。自治庁時代には、後に文部大臣になられた奥野誠亮《せいすけ》氏が税務局長をしておられ、私に目をかけて下さり大きなニュースを頂きました。その見識の高さにも感心させられたものです。そして大蔵省担当になってからは、大蔵省から見た税財政論にも大きな魅力を感じました。

――「官庁速報」を作られたわけですね。

田久保　はい。他社の記者の何倍もの記事をほぼ毎日書き、時事解説版なども書きましたので、若年にもかかわらず、記者クラブでは「通」になりました。その後、突然の社命で私はハンブルク特派員となりまして、初めて外国の地を踏むことになります。その時はいきなり東西冷戦の現場に叩き込まれたという感じでした。旅装を解く間もなく、本社からベルリンの壁「構築されて一年」に関する記事を送稿せよと指示されました。

――目まぐるしいですね。ハンブルクにはどれくらいおられたのですか。

田久保　わずか一年です。と言うのは、父と末弟が相次いで亡くなるという不幸が重なったため、東京に帰ったのです。そして外信部員として、長谷川社長の足元で日夜外電の処理に精を出すことになりました。

――たしかそれから沖縄の支局長になられたのですよね。

田久保　そうです。昭和四十四年でした。私はそれ以後家族四人で那覇支局の二階に暮らし、三人の支局員とともに仕事に没頭しました。長谷川社長の発案で時事通信社が地方のオピニオンリーダーを養成するために設立した「内外情勢調査会」という組織がありまして、その事務局長も兼ねていたのです。全沖縄教職員会と琉球政府へ行けば情報は沢山あり、記事はいくらでも書けますが、内外情勢調査会会員とのお付き合いや営業活動までしなければなりませんから、途方にくれたこともしばしばありました。ほとんど寝る暇もありません。それこそ月月火水木金金です。何をやっているのか自分でも分からないほどでしたが、人生で一番充実していた時期だなと思えるくらい、実りの多い仕事をした時期でした。大いに充電ができましたね。（笑）

沖縄で知った琉球人の気持ち

——沖縄で実りが多かったということは、具体的にはどういうことですか。

田久保　思い出は沢山ありますが、長谷川社長はよく「速報が通信の生命である」と言いました。つまり、起こったニュースを一秒でも早く打電することが完勝であり、一秒でも遅れたら完敗であると教えてくれました。私たちはそれを信条にして、歯をくいしばったものです。

一九六九年十一月に佐藤・ニクソン会談で沖縄返還に関する日米共同声明が出ました。これに対して沖縄は極めて複雑な反応を見せていました。本土にとって沖縄は謎だと言っていいでしょう。本土復帰の「日の丸運動」はいつの間にか赤鉢巻、赤タスキの革新勢力による復帰運動に変化しました。日米間の交渉がまとまりそうになるや、「即時無条件全面復帰」と「琉球独立論」が登場したのです。各新聞社が全部革新におもねる姿勢でしたから、本当のことが書けません。

ある日「内外教育版」という通信に、Xというペンネームで沖縄教職員会の内部の実情と偏向を、赤裸々に暴いた記事が載ったのです。それは私の前の支局長が出したものだったのですが、私の名前で発送されていましたから大変です。西日本新聞の高田という記者がそれを知らせてくれまして、「田久保さん大変だよ。

沖縄教職員会に行ってごらん」と言うので、押っ取り刀で駆けつけましたら、入口にでかでかと「時事通信、田久保支局長取材お断り」と大書した幕が掲げてあったのです。それを見た私は胃が痛くなりましたよ。まだ三十五歳でしたから。すぐに沖縄教職員会会長の喜屋武真栄《きゃんしんえい》会長に電話して抗議しましたが、全く埒が明きません。それはそれはいろいろな苦労をいたしました。

――沖縄を革新系が牛耳っていたということですね。

田久保　そうなんです。背景を教えてくれたのは、画家で劇作家の山里永吉という人でした。素晴らしい絵を描く琉球人で、支局のカレンダーに載っていた阿檀《あだん》の茂みから那覇港を望む絵に惚れ込んだのをきっかけに、私と親しくなっていました。この山里氏が私に言ってくれたのは、「出入り禁止なんて言葉を気にしてはいけない。赤旗の連中は祖国が他にある。ソ連と中国だ。ああいう者を相手にしてはいかん」ということです。この人は琉球王家に近い人でして、真の琉球の人たちの気持ちを、諄々と私に教えてくれました。生きた学問でしたね。

佐藤首相は、沖縄が待ち望んだ復帰を取り決めていたはずなのに、「即時無条件全面返還でなければいけないとは」と憮然としていました。その謎を解く鍵は「琉球独立論」にあるだろうと私は考えました。実に多くの方々から、沖縄独特の歴史・政治・経済の分析方法を教わりました。今では、独立論は防衛・経済を考えれば具体論がなく、消えてしまった感があるけれども、基地で何かが起これば本土政府は金を出して事を収め、沖縄側もそれで納得するという惰性は好ましくありません。それでは沖縄はいつまでも自立した普通の県になれないでしょう。地元の琉球新報や沖縄タイムスが、ヤマトンチューに対するウチナンチューの対立を仕立て上げ、本土を「日本政府」などと呼んでいる限り、問題の根は解消しないとも言えるのではないかと思います。

―― そうですか。那覇市の極めて複雑な、修羅場のようなところを三十代の半ばに見聞して過ごされてきた。やはりそれは先生のご生涯で忘れ難い経験でしょうね。

田久保 忘れられません。何とも言えない深い経験でした。長谷川社長がいつか私に言いました。ジャーナリストはものを書くだけが仕事ではないぞ。雑巾がけから自炊から全部こなして勉強なんだ。自分はそれをやってきた、と。私がそれに気づいたのはずっと後でしたが、とにかく沖縄での一年余りの体験は、この上なく充実したものでした。

一九七一年七月十五日を忘れない

——その後、今度はワシントン支局に行かれたわけですか。

田久保　そうです。私がワシントン支局長として赴任したのは一九七〇年四月でした。私としては沖縄の知識人の心底をもっと覗いてみたかったのですが、突然の転任で後ろ髪を引かれる思いでした。

しかしそんな感傷はダレス空港に一歩足を踏み入れた途端に消えてしまいました。それから三年半のワシントンでの仕事は、様々なニュースに囲まれてエピソードに溢れています。沖縄と違い、こちらでは取材をして打電すればそれだけでいいのですが、二十四時間神経を張りつめていなければできない商売なんです。世界の通信社が集まっていて、アメリカはＡＰ、ＵＰＩ、フランスはＡＦＰ、ソ連はタス通信、イギリスはロイターといった具合で、通信社同士の競り合いがものすごかった。新聞社の場合は翌朝になっての報道ですからのんびりしていますが、通信社は一つ打電したらすぐ次の取材です。米国は記者にとって王国といわれますが、非常な天国でもありましたね。（笑）

——大統領はニクソンでしたね。

田久保　はい。ニクソンとキッシンジャー補佐官が重要なことを次々に行いました。たまたま村田良平、岡崎久彦さんもワシントンで大使館参事官として仕事をされていたのですが、国際政治におけるストラテジー（戦略）についてお互いによい勉強ができたと思っています。

——それはどういうことですか。

田久保　私は米中関係について、以前から強い関心を持っていましたが、一九七一年七月十五日という日を一生忘れないつもりです。この日にニクソン大統領が訪中の発表をしたのです。まさかと思い、大きな衝撃に打たれました。

ワシントン支局に私と配属されていたのは、佐藤睦君（後に時事通信社取締役）と藤原作弥君（後に日本銀行副総裁）でしたが、佐藤君は英語の達人で酒好き。藤原君も語学に優れ、文才があり作家になると思っていたら、日銀に行ってしまった男です。普段はこの二人と組んで仕事に励んでいたのですが、七月十五日は藤原君は旅行中のため私と佐藤君だけ。ホワイトハウス報道課から「本日夜に大統領の重大演説がある」という通知が報道各社にありました。何だろうかと佐藤君に相談すると、彼は若干怠け者ですから、大したことではないでしょうと暢気《のんき》に構えています。演説のあるカリフォルニアには行かず支局のテレビを見て取材することにして、ウイスキーの水割りを飲みながら二人で待機していました。

演説の少し前に、ＮＢＣのアナウンサーが「大統領はキッシンジャー補佐官を伴って今スタジオに入りました」と言うので、二人は顔を見合わせて、なぜ外交・安全保障担当の補佐官がついてきたのだろうと思いました。やがて演説が始まると、「中国を訪問したいという大統領の希望を知って、周恩来首相は適当な時期に中国を訪問するよう要請した。そしてニクソン大統領は喜んでこの招待を受けた」と言うではありませんか。適当な時期は来年五月末までだというのです。私と佐藤君は顔色が変わって、反射的に立ち上がり専用線のキーでフラッシュ・ニュースを打電しました。「ニクソン大統領　来年五月までに訪中決定」という大ニュースの至急報ですから、同時通訳の佐藤君に確かめつつ打電する手が震えました。もし間違っていたら辞職ものです。他社に一秒でも遅れたら長谷川社長にどやされてしまいます。必死でしたね。仮にこれがかなり酩酊している佐藤君の幻覚・幻聴であったりしたら、私は首になって家族が路頭に迷うだろうという ことまで考えました。(笑)

その後は二人で本記(＊1)、詳報、解説、米各界の反応と、異常なほどの量にのぼる原稿を打電しまくりました。深夜になってやっと一段落し、一体全体これからの国際情勢はどうなるのだろうと、佐藤君相手に興奮してしゃべりまくったことは、今でも記憶にありありと残っています。

――ジャーナリストの生き甲斐がビンビン伝わってくるいいお話です。

ニクソン大統領から学んだこと

田久保　ワシントンで、大きな視野から外交を展開していたニクソン大統領と接して、私はハッとしたのです。今の日本の政治学者は中国問題の専門家、アメリカ問題の専門家というように各国別、あるいは地域別に分かれていて、二国間で見る研究がせいぜいです。ましてや多国間で、歴史、地理、政治、経済などを多角的に考察する学者や研究所はほとんどないのです。

しかしニクソンの考えたのはこういうことでした。実に多目的、多面的なのです。一つはベトナム戦争をやめるという選挙公約がありました。アメリカがこれを実現するには、ベトナムを背後で援助している中国と手を結ばねばならない。周恩来・毛沢東と会って和解のパフォーマンスでもいいから、する必要があったのです。そして米中が手を握ると、アメリカの最大の敵であるソ連を強く牽制することができます。ソ連とはＮＡＴＯ（北大西洋条約機構）でアメリカを中心に五十万の軍を出して対決していましたが、米中が結束した様子を示すだけで、ソ連が中ソ国境に数十万の大軍を張りつけなければならなくなり、その分アメリカはソ連に対して有利な立場に立つことができるのです。多目的ですね。大統領になる七年前から、ニクソンは日夜考えていたのです。キッシンジャーをうまく使い、ラワルピンジで仮病を装って記者団を撒き、パキスタン機で北京に行って毛沢東・周恩来と会わせます。戦略的な国際政治の手法をニクソンははっきりと示したのです。

日本には戦略がなかった、二国間外交だけでは何も分からないなということを痛感しました。ニクソンが我々に与えたショックにはものすごいものがあったのです。これがワシントンで私の得た最大の収穫でした。

―― 密度の濃いご体験でしたね。細かい専門家はもちろん必要だけれども、現実をつかまえるためにはトータルな視点もなければならない。国際ジャーナリストなればこその、多角的な捉え方です。

田久保　ニクソンの思い出をもう一つお話ししましょう。一九七二年の夏、ハワイで田中角栄首相とニクソンが会談をする前日のことでした。ジーグラーという報道官が日本人記者団の所へやってきて「ハワイまで大統領専用機にプール・レポーターとして日本人記者を一人乗せたいから選んでほしい」と言うのです。大統領専用機に日本人記者が乗れるなんて、千載一遇の機会です。八人ほどいた各社の記者たちは、やる気満々でぜひ自分を乗せろと言って引き下がらない。いつまで経っても決まらないので、議論している内に時事通信か共同通信かどちらかに決めようということになりました。共同の斉田一路氏と二人だけで話し合いましたが、私が「仕方ない。じゃんけんで決めましょう」と提案したら、斉田氏は「どうぞ田久保さんが同行してください」と譲ってくれたのです。この人は後に共同の社長になった人で、人物でしたね。

専用機の後部にあるプレスルームに乗り込むと、アメリカの記者たちは我が物顔でウイスキーを飲み雑談に興じていましたが、こちらはそうはいきません。ハワイには日本人記者団が待ち構えていて私の報告を聞いて速報する手筈なのです。機内では落ち着きませんでした。そのうちジーグラー報道官がプレスルームに来て、私に機内を案内してくれました。政府高官が両側にずらりと並んでいる真中の通路を通り、二人の大統領補佐官に挨拶して少し行くと小部屋のドアが開いていて、中にはニクソン大統領、キッシンジャー補佐官、ロジャース国務長官の三人がいて何か話し合っていました。一通り機内を案内してもらって記者席に戻ってから、またジーグラーがやってきて「大統領が君に会いたがっているからすぐ来い」と言います。びっくりしましたが、田中首相と会う前に日本の話でも聞きたいのだろうと思って出かけました。コチコチに緊張して部屋に入ると、ニクソン大統領はすこぶる機嫌よく私を迎えてくれて、前日のミュンヘン五輪で日本選手の体操演技が素晴らしかったとか、そんな雑談をした後、奥にあるファミリールームも見せてくれると言うので、遠慮なく拝見しました。そこでパトリシア夫人とも挨拶ができました。夫人は愛想のいいアメリカン・レディーでした。

その後、機内でキッシンジャー氏による、日米首脳会談に関する記者団との一問一答会見が行われました。日本の対中・対台湾政策は、米国と二人三脚で進められてきたのに、ニクソン訪中で佐藤内閣はよろけてしまっていました。米中関係正常化の中で日本はどうすべきか、佐藤内閣の後を承けた田中首相は悩みに悩んでいたのです。私はキッシンジャーにその辺を幾つか質問し、優等生的な回答をもらいました。

ともあれ、こうして大統領専用機に代表取材者として搭乗させてもらったことは、私にとって忘れ難い経験であります。思い返せば、那覇からワシントンへと転勤した私は、那覇・東京・ワシントンという三つの視点を得て、大きな国際情勢の認識方法を自分のものにすることができたのだと思います。村田、岡崎両氏とも何度か「あれが原点だったね」と話し合ったものでした。

外信部長の時代

——顕微鏡でものを見ることも大事ですが、望遠鏡で見ることも大事です。

田久保　おっしゃる通りです。沖縄返還について言えば、那覇の人々は本土復帰とそれに関連する問題ばかり考えており、沖縄の屋良朝苗主席は、「沖縄百万県民の利益が損なわれないようにはどうするか」、これだけです。佐藤首相は、戦時に取られてしまった島を、平時に外交政策で取り戻すにはどうしたらいいか、これをひたすら考えていました。ところがニクソンは全く別のことを考えていたのです。はっきり言ってしまえば、彼にとっては沖縄の基地としての価値は認識しているものの、それ以外はどうでもいいし、日本さえどれだけ重視していたか疑わしいのです。最大の関心事は中国をどうするかだったのです。沖縄返還の条件として核抜きを約束したのは、沖縄のためでも日本のためでもなく、対中国戦略でした。沖縄から北京は核兵器の射程距離内ですからね。これを撤去して初めて米中が接近できたのです。中国は中国で、ソ連とにらみ合いが始まったため、敵の敵は味方だとしてアメリカと手を結んだわけです。遠交近攻です。米中の利害が一致したのですね。このように複眼で国際情勢を見なければ、単眼で足元ばかり見ていては顕微鏡で観察した世界にしか過ぎないのです。

——ワシントンから戻られて、今度は時事通信社の外信部長になられていますね。

田久保　ええ。それは一九七四年、私が三十九歳の時でした。ウッドロウ・ウィルソン国際学術研究所に招かれるまでの六年間、世界各地から入ってくる外電や特派員からの報告の処理に全精力を注ぎました。この時期は、村松剛さんや江藤淳さんを初め、通信社の外の人との交流が非常に盛んで、多くのことを吸収させて頂いた時期でもあります。

村松剛さんが筑波大学大学院地域研究科長になられた時に、非常勤講師として私に国際秩序論を講義してほしいとのご依頼を受けたのです。しかし私は外信部長で多忙だったのを理由に、丁寧にお断りしました。でも「田久保さん、あなたの将来にとって決して悪いことではありませんよ」と説得され、結局、隔週土曜の午後にニコマの授業を受け持つことになりました。これが後に、私が杏林大学に行く時の大きなプラスになったのです。そして後年村松さんが筑波大を定年退職された時、お願いして杏林大学に来て頂いたのですが、不幸にして一年にもならないうちに病没されてしまいました。残念なことでした。そのご葬儀では、遺言の中で友人代表として遠藤周作氏と私の名前も弔辞を読むようにと記されていたことは、今でも忘れられません。

――外信部長時代のエピソードにはどんなものがございますか。

田久保　長谷川才次社長の影響もあり、当時の外信部は時事通信社の中で特に重きをなしていたと思います。長谷川社長は何かあると風のように現場に現われ、部員を叱咤し自ら外信部長に指示を与えるのが常でした。私はこの人の薫陶を受けたことを今も誇りに思っています。

私は『世界週報』という週刊誌に新聞記者が新聞に書く量の何倍も、それこそ大量の文章を書きました。地方部時代の『官庁速報』と外信部時代の『世界週報』にはとにかく書きまくりました。私は後に「ニクソンの対中政策」で法学博士の学位を取得しましたが、その土台になったのは『世界週報』に書き続けた文章でした。大げさに言えば、私の人生とこの週刊誌は密接不可分でした。私の書斎には『世界週報』が書棚のうち十三段を占めているほどです。

通信社の面白さは限りなくありますが、大ニュースを配信したエピソードを一つ紹介します。一九七六年十月のこと、北京の特派員からとてつもないニュースを送るとの連絡が入りました。毛沢東夫人の江青ほか文化大革命を推進した四人組が、一斉に逮捕されたという大ニュースです。すぐに重大ニュースの指定をつけて配信しました。配信先からは問い合わせ電話が引きも切らず、翌早朝にAFP通信が北京発で至急使を流しましたが、完全に後追いです。ニュースは一秒でも早い方が完勝です。通信社記者が速報を忘れたら、普通の新聞記者と同じです。

現代教育の在り方を斬る

――そうした実に多彩なご活躍をされてきた田久保先生が、五十歳になられたころ教育界に転身されたきっかけは何だったのでしょうか。

田久保　旧知の慶応大学教授が訪ねてきて、杏林大学が社会科学部を創設するので転職しないか、と言ってきたのが初めです。学部長に予定されていた慶応大学商学部長の経験をお持ちの白石孝先生にお会いすると、「通信社で充電されたものを若い学生に放電してください。いい学部をつくりましょう」と言われ、大いに心が動きました。杏林学園の松田進勇理事長、松田博青副理事長（現理事長）

から直々に御要請を受けました。そこで、私は正直、困りました。転職するためには「社長の印を押した割愛書を提出して下さい」と言われたからです。これには参りました。学校以外の社会で割愛書を必要とするところは少ないと思います。時事の社長に話すと「社の何が不満なのか聞かせてくれ」と言われました。不満はなかったので、弱り果てた私は、土屋清先生や関嘉彦先生に相談しました。関先生からこう言われたのが印象に残っています。

「君は今の会社で社長になれるか。なれるなら辞めてはいけない。社長になって通信社はこうあるべきだとの志を実現すればいい。もしその見込みがなければ、すぐ転職を決めた方がいい」。社長になる気も能力もないのは知っておりましたので、私は肝を決めることができたのです。

数日後、土屋先生に話をしたところ「そうか、それなら早い方がいいよ」と言われた後で「君の文章は読んできたが、大学へ行ったら歴史と文化を加えた厚みのあるものが書けるように勉強しなさい」と忠告して下さいました。私自身が弱点と感じていたことなので、大いにこたえました。人生の転機に相談できる師がいてくれたことは、本当に有難いことだったと感謝しています。

――素晴らしいお話です。そのようにして教壇に立たれるようになって、教育というものの在り方をどのようにお考えでしたか。

田久保　これは白石学部長がおっしゃっていたことですが、教育の原点は、パーソン・トゥ・パーソン、人と人が一対一で教え学ぶということですね。自分は教える科目が国際政治であったり国際経済であったりしても、全人格で学生に向かい影響を与えていく気構え、これがなかったら教育はできません。教育は人づくりであり、真の教養を供えた人格を育てるものなのです。

段々分かったのですが、若い先生の中には大教室でスクリーンを使用して講義し、それで事足れりと主張していた人もいました。インターネット時代ですから、全国を対象に画面で説明することもあり得るわけですが、それでは所詮知識の切り売りです。真の教育はやはりパーソン・トゥ・パーソンで、直接謦咳に接する機会を大切にすべきです。かつて松下村塾で学んだ人物たちが日本の歴史を担ってきたように、全人格を育てる寺子屋や私塾の精神を忘れてはいけないと思います。師の唾が飛んでくる場所で、死に物狂いの努力をしなければ生きた勉強にはなりません。白石先生の言う通りに私は教室でやってきまして、なるほどその通りだなと実感しています。特にゼミ生との関係はずっと続いております。

―― 知育偏重と言いますが、今の教育には全人格を育て上げるという視点が不足していますね。

田久保 今の小中学校にはいろいろな問題が出てきています。いじめがあったり不登校児がいたりして、文部科学大臣の下村博文氏が本格的に取り組んでいるようです。これは何が根本原因かと言えば、「吉田松陰」が教育界にいないからなんです。昔は師範学校がありました。教育者を育てる場所です。私の知人の中には師範学校出身者が沢山いますが、皆さんそのことを非常に誇りに思っていて、それがその人物の生き方に筋を通し、バックボーンになっています。パーソン・トゥ・パーソンの教育がそこにはあったからなのです。偏差値が高いとか低いとかそういうことではありません。今、教員志望の学生は、所定の単位を取り教員試験に受かれば教員になれる。これでは教師としての尊い使命感を持てるはずがないでしょう。吉田松陰が育ちますか？

ですから、師範学校の復活をすれば、今の学校問題のかなりの部分は改善されていくであろうと、私はそう思っています。沖縄の屋良さんは広島高師を卒業した教育者であることに誇りを持っておられました。

——近代日本が成功したのは、陸士（陸軍士官学校）海兵（海軍兵学校）と師範学校に国が金を出して、貧しい秀才たちを国のために役立てたからだという議論ですね。防衛と教育が国にとって一番大切だという。全くその通りだと思います。安岡先生が言われるように、自分がこれはと信じた師につき、親炙《しんしゃ》して薫陶を受け、霧の中を行けば覚えざるに衣が濡れるように、じっくりと人格を練磨していく教育が復活されなければなりません。

田久保　そのとおりです。戦後の教育の荒廃の一因はそれを無視してきたことにあると思いますよ。私は詰まらぬ人間ですが、たまたま縁のある素晴らしい人々に出会って、叱咤激励される中で自分を育ててきましたから、こういうことがしみじみと分かるわけです。

「国家基本問題研究所」の創設

――非常な多方面にわたって長くご活躍されてきた田久保先生ですが、ご健康の方はいかがでしたか。

田久保　実は平成十年から十八年までの八年間に五回、癌の手術をしています。大腸癌が肺と膵臓に次々に転移したのです。一時はすっかり悲観的にもなってしまいましたが、杏林大学の松田理事長の御判断で正しい治療を受け、幸いにして勤務した大学の病院で命拾いをいたしました。

神様が命を与えてくれている間は、自然体で勉強に励みたいと考えております。

――まだまだ先生にはご活躍して頂きたいと思います。先生の人生の第三のステージである「国家基本問題研究所」について、お話し頂けますか。

田久保　はい。私がどうにか元気になりましたころに、櫻井よしこさんから研究所設立の相談を持ちかけられたのです。その前にこの人が偉いなと感じたのは、

「自分はニュースキャスターをしているけれどもこんなことでいいのか」と疑問を抱いて、物書きになるとの志を立て実行したからです。屋山太郎という時事通信の同僚だった政治評論家の紹介で、彼女と三人で勉強会のようなことを続けました。

――その情景が目に浮かびます。素晴らしいことですね。

田久保　櫻井さんはあっという間に論壇のスターになりました。そこで彼女は日本の世直しが必要だと痛感したのでしょうね。日本を変えていくためにシンクタンクを創設したいと考え始め、それは自分一人ではできないから、ぜひ手伝ってほしいと言われました。思うところは同じなので外国の研究所などはどうしているかなど調査に入りました。その途中で発足の時期を早めようと彼女は言い出しました。資金もなければ事務所もないのに、日本の危機を救うためには、早くシンクタンクをスタートさせようと気が急いたのでしょう。その熱意に押されて、二〇〇七年の暮れに「国家基本問題研究所」を創設しました。彼女が理事長で、私は副理事長の一人になりました。

すると、問もなく奇跡が起こりました。ちょうど胡錦濤が訪日し、福田康夫首相に会うというタイミングで、「福田さん、中国におもねってはいけませんよ」という意見広告を新聞に出しましたところ、これが大反響でして、ぜひ国基研に入会したいという申込書が殺到したのです。三千何百人が一度に入ってくれました。びっくりしましたね。その入会金でもう事務所も事務員も確保できます。その後も櫻井さんの「お志のある方はどうぞお入りください」の一言で会員は増え続け、今は七千人は突破しております。法人・賛助会員も増えました。活動としては、意見広告を新聞雑誌に載せ種々の提言をします。企画委員会や意見交換会は毎週定期的に行い、参加者もかなり多くなっています。会員の集いはホテル・ニューオータニで毎年千人以上を集めて開催しますし、月例シンポにも五百人くらいは必ず集まるので、政治家や「時の人」などが喜んで来てくれるという状況になっているのです。海外に向けても日本の主張を発表し、研究所間の交流も活発に進めています。すでに大規模な国際シンポジウムは二度開いています。篤志家の御好意で日本研究賞の基金も設け、昨年は授賞式もしました。少ない人員と小さな事務所ですが、仕事は巨大になってきました。日本を憂える方々がいかに多いか、応援して下さる方々にいかに応えるか、責任は重大です。

――いやあ、安倍政権を支える一つの潮流として、心強いものがありますね。

田久保　戦後を脱皮させようとしている安倍さんに、むしろこちらに近づいてきてほしいとすら考えております。世界に目を向けた是々非々のスタンスで、静かに日本を変えていきたい。私も八十歳を越えまして、微力ですが志を掲げてこれからも努力していきたいと考えております。

――国基研の活動は田久保先生の集大成だと思われますので、ますますのご発展を祈念いたしたいと存じます。本日は貴重なお話を沢山伺うことができ、心から御礼を申し上げます。有難うございました。

＊1　出来事の骨格を書いた基本的な記事。

初出一覧

第一章　憲法改正と日本会議の使命　（『日本の息吹』平成二十九年九月号）

第二章　「トランプ・ショック」と日本の覚悟　（『日本の息吹』平成二十九年一月号）

第三章　安倍内閣の今、憲法改正に如何に臨むか　（『日本の息吹』平成二十七年七月号「田久保忠衛日本会議新会長に聞く　国際政治と憲法改正」）

第四章　屈辱の外国製憲法から国柄にふさわしい憲法へ

（『正論』平成二十五年六月号「日本再生の処方箋――憲法について」）

第五章　「普通の国」実現に着手した、たった一人の政治家　安倍晋三

（平成二十八年七月、日本外国特派員協会での会見録より抜粋）

第六章　日本会議への批判報道を糾す　（『月刊 Hanada』二〇一六年八月号）

第七章　国際情勢の疾風怒濤の中で　私の歩んできた道　（季刊『郷學』第九十号・九十一号）

田久保忠衛（たくぼ　ただえ）
昭和８年千葉県生まれ。早稲田大学法学部卒業後、時事通信社に入社。ハンブルク特派員、那覇支局長、ワシントン支局長、外信部長など歴任。平成４年から杏林大学で教鞭を執る。法学博士。専門は国際政治。国家基本問題研究所副理事長。美しい日本の憲法をつくる国民の会共同代表。産経新聞の「国民の憲法」起草委員長も務めた。著書に『戦略家ニクソン』『激流世界を生きて』『憲法改正、最後のチャンスを逃すな！』など多数。平成 27 年４月、日本会議第４代会長に就任。

目《め》覚《ざ》めよ日本《にっぽん》　憲《けん》法《ぽう》改《かい》正《せい》今《いま》こそ実《じつ》現《げん》を

平成二十九年十二月二十三日　初版第一刷発行

著　者　田久保忠衛
発行者　小田村四郎
発　行　株式会社明成社
〒一五四―〇〇〇一
東京都世田谷区池尻三―二一―二九―三〇二
電　話　〇三（三四一二）二八七一
ＦＡＸ　〇三（五四三一）〇七五九
http://www.meiseisha.com
印刷所　モリモト印刷

ISBN978-4-905410-47-8 C0031